Robert Karbiner & Florian Kobler

Betriebsanleitung für den Mann

Warum das starke Geschlecht
nicht stark sein muss

Dieses Buch wurde sorgfältig erarbeitet und gibt - soweit möglich - Ratschläge zur Selbsthilfe. Dennoch erfolgen die Angaben ohne Gewähr. Wenn Sie sich bei der Bearbeitung eines Problems nicht sicher sind oder unklare Begleitumstände auftreten, sollte umgehend fachlicher Rat eingeholt werden. Für eventuelle Nachteile, die aus den praktischen Hinweisen dieses Buches resultieren, können weder Autoren noch Verlag eine Haftung übernehmen. Jeder Leser muss in Eigenverantwortung entscheiden, ob er die beschriebenen Übungen und Anregungen ausprobieren möchte.

ISBN 978-3-99025-023-5

Cover: Wolfgang Fettik
© Nude Man Standing by Tose
– www.dreamstime.com
Satz: Isabell Gemende M.A.
Lektorat: Mag. Walter Lanz

printed in EU

Robert Karbiner & Florian Kobler

Betriebsanleitung
für den Mann

Warum das starke Geschlecht nicht stark sein muss

Inhalt

Einleitung

Stark sein bedeutet,
fühlen können.

Fernando Pessoa & António Mora

Haben Sie schon einmal zwei Winzern bei der Verkostung eines Weines zugehört? Sie sprechen über die besondere Note, den Abgang, den Geruch, den Alkoholgehalt, über die Farbe oder die verschiedenen Weinsorten, die verarbeitet wurden und deren Anteil.

Verkosten dagegen wir Laien einen Wein, dann können wir unserem Gegenüber oft nur mitteilen, ob wir den Wein gut oder schlecht finden. Sie sind der Meinung, das reicht? Nun, es ist eine Frage der Qualität. Wie in vielen Bereichen des Lebens erhöhe ich mit Wissen die eigene Lebensqualität. So auch bei Gefühlen.

Treffen sich Männer auf ein Bier, sind Gefühle selten Gesprächsthema Nummer 1. Im Gegensatz zu Fußball, Autos, Technik, Wirtschaft oder Frauen wird über Gefühle kaum gesprochen. Warum gibt es dennoch dieses Buch? Warum sollten – vor allem – Männer es lesen? Warum sollten sie sich dafür interessieren? Dieses Buch vermittelt Basiswissen und zahlreiche Handlungsanleitungen zum Thema Gefühle. Wie komme ich mit mir und meinen Gefühlen in Kontakt? Was bringt mir dieses Wissen?

Eine Antwort lautet: Selbstbewusstsein. Wer seine Gefühle kennt, kann mit anderen Menschen besser in Kontakt treten. Vor allem Liebesbeziehungen spielen sich auf der Gefühlsebene ab. Die Beziehung wird gestärkt, wenn der Partner im Gespräch auf emotionaler Ebene erreicht wird. Auch im Beruf, beispielsweise beim Vorstellungsgespräch, bei Vorträgen oder im Umgang mit Kollegen, kann das Wissen über die eigenen Gefühle hilfreich sein.

Wer bei Gesprächen, Erzählungen oder Geschichten seine eigenen Gefühle mit hineinpackt, wird beim Zuhörer größeres Interesse wecken. Wer seine Gefühle kennt, ist weniger manipulierbar, kann seinem Lebensweg bzw. Lebensplan leichter treu bleiben, kann besser argumentieren und sich bei Konflikten auf angemessene Art und Weise wehren. Er kann besser mit Stress umgehen oder auch bei Krankheiten den Heilungsprozess unterstützen. Die Liste ließe sich unendlich fortsetzen.

Jetzt ist Einsatz gefragt: Dieses Buch ist eine praktische und leicht lesbare Bedienungsanleitung für eigene Gefühle. Es finden sich darin zahlreiche Handlungsanleitungen, Ideen und Tipps rund um das Thema „Gefühl". Wer bereit ist, sich auf diese Übungen intensiv einzulassen, wird schon bald Erfolgserlebnisse feiern können. Das bestätigten mir Freunde und Kollegen, die dieses Buch vorab lesen durften.
„Wahrscheinlich werden mehr Frauen als Männer zu den Übungen greifen, aber selbst wenn Männer die Übungen nur lesen, werden sie von den vielen Aha-Effekten überrascht sein!", lautete der einheitliche Tenor.

Immer wieder haben mich im Laufe meiner Zeit als Psychotherapeut meine Klienten gefragt, ob ich das Besprochene auch irgendwo niedergeschrieben habe. Denn sie hätten ihre Erfahrungen gerne mit ihren Lebenspartnern, Verwandten oder Freunden geteilt. Doch das Verstehen und Vermitteln sind bekanntlich zwei Paar Schuhe. „In der Therapiestunde verstehe ich es, zu Hause bin ich mir dann aber wieder unsicher. Das Internet bietet keine verständliche Information und meine Freunde denken an Schlagerhits, wenn ich das Wort ‚Gefühl' in den Mund nehme", meinten sie unisono. Daher habe ich vor Jahren das Bedürfnis verspürt, über mein Wissen ein Buch zu schreiben. Nach intensiver Arbeit ist dieses nun fertig. Ich hoffe, Sie haben viel Freude damit.

Robert Karbiner

Das Pendel der Gefühle

Im Leben gibt es Höhen und Tiefen. Genauso ist es auch bei Gefühlen. In unserer Kultur haben wir gelernt, sogenannte tiefe Gefühle (Trauer) als schlecht und Höhen (Freude) als gut zu bewerten. Niemand will ein Tief haben. Ein Hochgefühl bewerten wir positiv. Warum eigentlich? In der Musik gibt es auch hohe und tiefe Töne. Keiner würde auf die Idee kommen, einen tiefen Ton als schlecht und einen hohen Ton als gut zu bezeichnen. Nicht nur eine Orgel, sondern Musik im Allgemeinen braucht hohe und tiefe Register. Erst das Zusammenwirken von Sopran, Alt, Tenor und Bass ergibt die schöne Musik. Fazit: Töne sind nicht bewertbar. Gefühle auch nicht.

Um in die nicht ganz einfache Welt der Gefühle einzutauchen, hilft es, die eigenen Gefühle mithilfe eines Pendels zu verbildlichen. Wie bei einer Pendeluhr schlägt der Pendelstab nach links und rechts gleich weit aus. Auf der linken Seite befinden sich die Tiefen, auf der rechten Seite die Höhen. Einmal sind wir traurig, dann wieder fröhlich - diese Gefühle wechseln nach der aktuellen Lebenssituation.

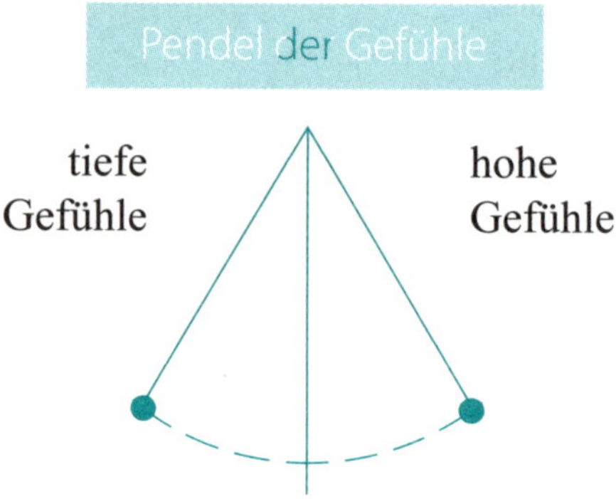

Tiefen und Höhen sollten sich abwechseln, da das Pendel auf beiden Seiten immer gleich weit ausschlagen muss. Schön und gut, wäre da nicht unsere Einstellung, dass wir eigentlich keine Tiefen haben möchten. Schließlich sind wir keine Weicheier, wir können uns zusammenreißen, Weinen ist ein Zeichen von Schwäche.

„Das Leben ist ein Hit", „Ein Indianer kennt keinen Schmerz", so lauten die Botschaften, die wir von Kindheit an tagtäglich eingetrichtert bekommen. Wir wollen keine negativen Gefühle und bauen daher auf der negativen Seite des Pendels gerne eine Blockade ein. Wir ziehen eine Grenze und lassen zu tiefe Gefühle nicht zu.

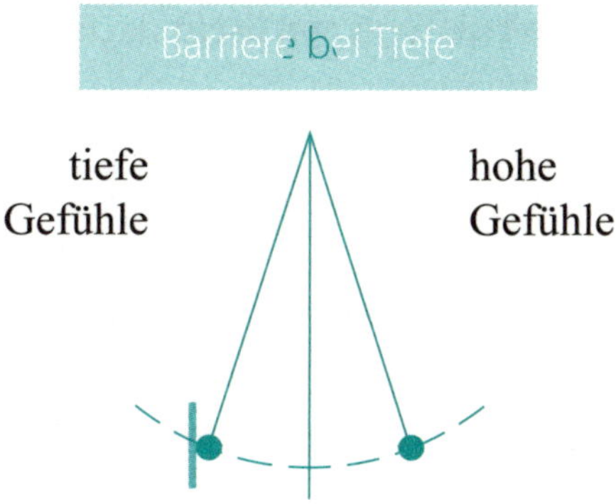

Leider wirkt sich dieser Eingriff auch auf die Höhenseite aus. Das Pendel kann auf der positiven Seite nicht mehr so weit ausschlagen wie vorher. Auch hier bildet sich automatisch eine imaginäre Grenze, durch die wir unsere Gefühlswelt weiter einschränken. Vereinfacht gesagt: Wenn wir nicht mehr richtig traurig sein können, können wir auch nicht mehr richtig glücklich sein. Wir bewegen uns nur noch im Mittelfeld. Erstaunliches Fazit: Menschen, die ihre Traurigkeit leben, sind glücklicher.

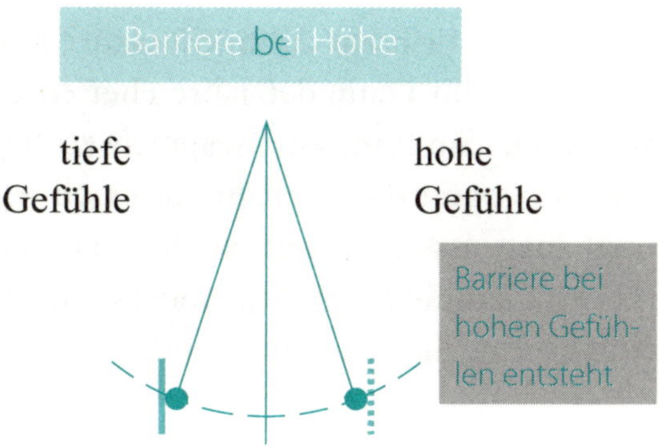

Die drei Gefühlsparameter

Das ist die glücklichste Unterhaltung,
wo es keinen Wettstreit gibt und keine Eitelkeit,
wohl aber den sanften Austausch der Gefühle.

Samuel Johnson

„Hallo Robert, schon lange nichts mehr von dir gehört! Wie geht es dir?" Michael versucht während eines Klassentreffens, mit seinem alten Schulfreund ins Gespräch zu kommen.
„Gut, danke der Nachfrage", antwortet Robert. „Und dir?" „Ja, auch gut!"

Zugegeben, die Frage „Wie geht es dir?" oder „Wie geht's?", ist im Laufe der Jahre eher eine Floskel geworden. Sie hilft, ein Gespräch zu beginnen, und verlängert die Begrüßung. Doch eigentlich fragt man mit „Wie geht es dir?" nach den aktuellen Gefühlen des Gegenübers. Nehmen wir einmal an, Michael interessiert sich tatsächlich für den Gefühlszustand von Robert. Was weiß er nach seiner Antwort? Nichts. Denn Robert antwortete mit keiner Beschreibung seiner Gefühle, sondern mit einer Bewertung. Die Antwort geht auf die Frage im Grunde gar nicht ein, sie steht mit ihr in keinem Zusammenhang und verrät nichts über die aktuellen Gefühle von Robert.

Warum beantworten wir die Frage „Wie geht's?" aber dennoch fast automatisch mit „gut" oder „schlecht"? Weil wir es von Kind an so gelernt haben und weil wir häufig die Antwort gar nicht kennen. Wir wissen eigentlich nicht, was wir gerade fühlen. (*Was fühle ich?*) Wenn wir es doch wissen, dann ist es schwierig, diesen Zustand zu beschreiben. (*Wie heißt es?*)

Wir sind uns unseres Selbst kaum bewusst und können unsere Gefühle kaum erkennen. Wir haben sozusagen kein ausgeprägtes Selbstbewusstsein. Umgangssprachlich versteht man unter „selbstbewussten Menschen" Personen, die stets ein sicheres Auftreten und flotte Sprüche auf Lager haben. Wir bezeichnen in diesem Buch damit jedoch Menschen, die sich ihrer „selbst bewusst" sind. Menschen, die sagen können, ob sie traurig, ängstlich, hoffnungsvoll oder sicher sind.

Um einen besseren Zugang zu unseren Gefühlen zu bekommen, sollten wir unser Selbstbewusstsein trainieren. Das gelingt, indem wir uns selbst regelmäßig im Alltag fragen, wie es uns geht. Wie geht es mir während der Arbeit?
Wie geht es mir, wenn ich mit meinen Eltern spreche? Wie geht es mir, wenn ich meine Tochter von der Schule abhole? Wie geht es mir, wenn ich neben meinem Partner im Bett liege?

Antworten Sie jetzt aber nicht mehr mit „gut" oder „schlecht", sondern mit „fröhlich", „traurig", „sicher", „ängstlich", „hoffnungsvoll" oder „verzweifelt". Es gibt natürlich weit mehr als diese Gefühle, jedoch stellen diese Parameter die Basis dar. Es sind Grundgefühle.

In der Schule lernen wir zuerst das Addieren und Subtrahieren. Erst viel später wird das Ausrechnen eines Sektglas-Volumens ein Thema. Im Fitnessstudio fängt man zuerst mit kleinen Gewichten an. Genauso ist es, wenn man herausfinden will, welcher emotionale Prozess und wie intensiv dieser Prozess in einem abläuft. Schritt für Schritt: Zu Beginn reicht es also, wenn man nach folgenden drei Gefühlsparametern fragt:

- *Bin ich gerade fröhlich und/oder traurig?*
- *Bin ich gerade sicher und/oder ängstlich?*
- *Bin ich gerade hoffnungsvoll und/oder verzweifelt?*

Das Leben ist vielschichtig und kompliziert. Es kann nicht nur auf einer Ebene dargestellt werden. Daher gibt es das „Pendel der Gefühle“ nicht nur auf einer Ebene, sondern oft auf mehreren Ebenen gleichzeitig.

Das kann man sich folgendermaßen vorstellen: Wenn das Gefühlspendel ausschlägt, können entweder alle sechs Gefühle, oder nur drei oder nur ein Gefühl betroffen sein. Sie können traurig sein, weil das Auto einen Totalschaden hat. Das wäre die erste Ebene. Sie können aber gleichzeitig auch glücklich sein, weil eines Ihrer Kinder am Vortag die Matura geschafft hat. Das wäre die zweite Ebene. Sie wären also glücklich und traurig. Bis zu sechs verschiedene Ebenen sind unter Umständen parallel möglich. Außerdem weisen die Gefühle verschiedene Intensitäten und Schattierungen auf. Es gibt nicht immer nur 0 oder 100 Prozent, sondern auch einmal 73 Prozent. Es geht nicht immer um Alles oder Nichts, Gut oder Schlecht, Schwarz oder Weiß.

Handlungsanleitung
für mehr Selbstbewusstsein

Halten Sie Ihren Gefühlszustand mithilfe der Parameter drei bis fünf Mal täglich fest. Diese Übung nimmt nur wenige Minuten in Anspruch, hilft aber „selbstbewusster“ zu werden. Zur Erleichterung dient folgende Tabelle:

8 Uhr – Ich bin…

sehr traurig	traurig	leicht traurig X
sehr ängstlich	ängstlich	leicht ängstlich
sehr verzweifelt	verzweifelt	leicht verzweifelt

12 Uhr – Ich bin…

sehr traurig	traurig	leicht traurig
sehr ängstlich	ängstlich	leicht ängstlich
sehr verzweifelt	verzweifelt	leicht verzweifelt

18 Uhr – Ich bin…

sehr traurig	traurig	leicht traurig
sehr ängstlich	ängstlich	leicht ängstlich
sehr verzweifelt	verzweifelt	leicht verzweifelt

„Hallo Robert, schon lange nichts mehr von dir gehört! Wie geht es dir?"

Michael: „Danke der Nachfrage. Ich komme gerade von dem Begräbnis einer Bekannten und fühle mich dementsprechend traurig. Dafür freue ich mich umso mehr, dass unser Klassentreffen zustande gekommen ist und ich dich endlich wieder einmal sehe. Wie geht es dir?"

leicht fröhlich	fröhlich	sehr fröhlich
leicht sicher	sicher	sehr sicher
leicht hoffnungsvoll	hoffnungsvoll	sehr hoffnungsvoll

leicht fröhlich X	fröhlich	sehr fröhlich
leicht sicher	sicher	sehr sicher
leicht hoffnungsvoll	hoffnungsvoll	sehr hoffnungsvoll

leicht fröhlich	fröhlich X	sehr fröhlich
leicht sicher	sicher	sehr sicher
leicht hoffnungsvoll	hoffnungsvoll	sehr hoffnungsvoll

Bei den Antworten muss man sich nicht für „traurig" oder „fröhlich" entscheiden. Es können auch beide Möglichkeiten als Antwort gegeben werden. Wenn es beispielsweise einen Todesfall in der Familie gibt und gleichzeitig die Tochter mit Auszeichnung ihr Studium abgeschlossen hat, ist man gleichzeitig „fröhlich" und „traurig" (zwei verschiedene Ebenen!).

Immer wenn Sie jemand mit der Alltagsfloskel „Wie geht's?" konfrontiert, können Sie die Frage nutzen, um sich selbst nach den eigenen Gefühlsparametern zu fragen (Übung!). Das heißt aber noch lange nicht, dass Sie das Ergebnis nach außen kommunizieren müssen. Es ist nicht verpönt, auf die Frage „Wie geht's?" mit dem typischen „Danke gut" zu antworten. Denn ist das Gegenüber kein naher Freund, sondern beispielsweise nur ein Flüchtigkeitskontakt, könnte eine detaillierte Antwort unpassend sein.

Gefühllose Männer?

Viele Männer kennen ihre Gefühle entweder nicht oder sie trauen sich nicht, diese zum Ausdruck zu bringen. Nur weil man nicht weiß, wie sie heißen, bedeutet das nicht, dass man sie nicht hat. Warum ist das so?

Griechisches Weinen

Vor 5.000 Jahren gehörte es bei den männlichen Griechen zum guten Ton, in der Öffentlichkeit zu weinen. Krieger und Adelige weinten, wann immer ihnen danach war.

Das ist heute kaum vorstellbar. Im Laufe der Zeit führte die Entwicklung dazu, dass Weinen zunehmend als Schwäche angesehen wird. Auch heute ist es noch so, dass durch unsere Kultur Gefühlsbarrieren entstehen. Männer lassen Gefühle noch weniger zu als Frauen.

Dafür gibt es folgende Gründe:

1. Männer haben häufig nicht gelernt, ihre Gefühle zuzulassen.

2. Männer haben oft Angst vor tiefen Gefühlen.

Wie oft hat der Lehrer geweint? Wie oft hat der Vater geweint? Egal, ob Lehrer, Vater, Onkel oder Trainer, Männer haben in ihrer Kindheit meist männliche Vorbilder, die keine oder kaum Gefühle zeigen. Deshalb glauben viele Jungs, dass emotionale Verletzungen verschwinden, wenn sie erst einmal erwachsen sind. Denn dann kommen sie mit Traurigkeit usw. klar. Sind sie aber erwachsen, haben sie nach wie vor tiefe Gefühle und glauben, dass sie etwas falsch machen im Leben.

Das ist jedoch eine Fehleinschätzung. Tiefe Gefühle sind ein Zeichen dafür, dass wir leben. Alle Männer haben tiefe Gefühle, nur sprechen sie miteinander selten bis gar nicht über dieses Thema. Beliebte Themen sind seit Jahrzehnten Geld, Frauen, Job und Fußball. Selten wird bei einem

Männergespräch zugegeben, dass man Angst hat, den Job zu verlieren, oder verzweifelt und traurig ist, weil die Freundin krank ist. So etwas behalten Männer meist für sich, um sich vor Abwertungen zu schützen.

Tiefe Gefühle werden in unserer Gesellschaft als „Schwäche“ abgewertet. Es ist schwierig, einen Mann davon zu überzeugen, dass tiefe Gefühle und Weinen gut sind. Ein Nichtschwimmer glaubt auch nicht, dass Baden im See super ist. Damit ein Mann mit seinen Gefühlen in Kontakt kommt, bedarf es einer intensiven Auseinandersetzung mit sich, seinen Gedanken und Gefühlen.

Das sind Gefühle

Da die Welt der Gefühle kompliziert ist und schnell verwirren kann, konzentrieren wir uns in diesem Buch auf die Basis- bzw. Grundgefühle.

Primäre Gefühle

Primäre Gefühle sind zum Beispiel Freude (Erkenntnisfreude, Vorfreude, Mit-Freude), Mitgefühl, Trauer, Liebe, Stolz, Sicherheit, Scham, Ohnmächtigkeit, Hilflosigkeit, Ekel, Angst (Todesangst, Prüfungsangst …), Hoffnungslosigkeit, Orientierungslosigkeit, Verzweiflung, Geborgenheit, Neid …

Sekundäre Gefühle

Aus diesen Gefühlen können in weiterer Folge „sekundäre Gefühle“ entstehen. Aus Angst und Hilflosigkeit kann zum Beispiel Zorn, Hass, Jähzorn, Ärger oder Wut werden.

Das sind keine Gefühle

Wenn wir von Gefühlen sprechen, meinen wir damit zu 99 Prozent eine Interpretation, Bewertung oder Körperempfindung. Wir sagen: „Ich habe das Gefühl, das Wetter wird heute schön." Dabei handelt es sich beispielsweise um eine Interpretation der Wolken am Himmel, aber nicht um ein Gefühl.

Wir verwenden das Wort „Gefühl" im allgemeinen Sprachgebrauch meistens falsch. Wir sagen: „Ich habe das Gefühl, das war keine gute Idee." In diesem Satz steckt eine Bewertung. Wenn wir diesen Satz umformulieren, den Inhalt aber belassen, erklären wir damit ein Gefühl: „Ich habe Angst."

Bewertung, Interpretation oder Diagnose

Folgende Beispiele helfen Gefühle von dem zu unterscheiden, was wir gewohnheitsmäßig als Gefühle äußern:

Ich habe das Gefühl, das ist ein Trottel.
Bewertung

Ich habe das Gefühl, der kann das nicht.
Bewertung

Ich habe das Gefühl, du wirst das nie zusammenbringen.
Bewertung

Ich habe das Gefühl, das passt mir nicht (Kleidung).
Bewertung

Ich habe das Gefühl, dass du das besser machen könntest.
Bewertung

Ich habe das Gefühl, das wird nichts.
Bewertung

Ich habe das Gefühl, der bekommt nie eine Freundin.
Bewertung

Ich habe das Gefühl, dass er da herunterfallen wird, wenn er so weitermacht.
Bewertung

Ich habe das Gefühl, deine Malerei wird nie etwas gleichschauen.
Bewertung

Ich habe das Gefühl, wenn du so weiterrast, werden wir einen Unfall haben.
Bewertung

Ich fühle mich wohl.
Welche Gefühle bewerte ich mit „wohl"?

Ich habe große Gefühle für dich.
Welche Gefühle?

Ich habe das Gefühl, das war keine gute Idee.
Bewertung

Ich habe das Gefühl, das Wetter wird schön.
Interpretation des Wetters aufgrund des wolkenfreien Himmels

Ich bin zufrieden/unzufrieden/nutzlos/minderwertig.
Bewertung

Mir geht es gut/schlecht.
Bewertung

Ich bin so depressiv.
Diagnose

Ich habe Mitleid.
Bewertung

Körperempfindungen

Körperempfindungen sind keine Gefühle, sie können aber welche auslösen. Zum Beispiel:

Mir ist kalt. → Körperempfindung	*Ich habe Angst zu erfrieren.* Gefühl
Mein Herz tut weh. → Körperempfindung	*Ich bin traurig.* Gefühl

Weitere Körperempfindungen sind Hunger, Durst, Übelkeit, Zahnweh, Völlegefühl, Kopfweh, Müdigkeit ...

Ebenfalls keine Gefühle sind: Verantwortung, Herrschsucht, Bewunderung, Gelassenheit, Schaffensdrang, Zuneigung, Wichtigkeit, Nachsicht, Eifersucht (also die Angst jemanden anderen zu verlieren), Entdeckerdrang, Respekt, Gleichmut, Erhabenheit, Einsicht, Neugier, Verzückung, Vertrauen, Zerknirschung, Verlust, Anerkennung, Freundschaft, Gier, Genuss, Nostalgie, Verzagtheit, Melancholie, Feigheit, Einsicht, Nichtigkeit, Verachtung, Abneigung ...

„Bestätigendes" oder „verneinendes" Gefühl

Hierbei handelt es sich um eine Intuition (Eingebung) und nicht um ein Gefühl.

„Bauchgefühl" / Intuition

Man spricht von intuitiven Entscheidungen, wenn man ohne jegliche Schlussfolgerung eine Wahl trifft. (Ich entscheide mich bei der Millionenshow für Antwort A, obwohl ich keine Ahnung habe!) Das hat aber nichts mit Gefühlen zu tun. Aber: Wenn ich mit meiner Wahl recht habe und mich freue, oder unrecht habe und traurig bin, habe ich ein Gefühl (Freude, Traurigkeit).

Lust

Wird biochemisch gesteuert und das häufig um, so banal es klingen mag, die Nachkommenschaft zu sichern.

Handlungsanleitung

Sprechen Sie von Ihren Gefühlen, prüfen Sie Folgendes nach

Handelt es sich dabei tatsächlich um ein Gefühl oder vielleicht doch um eine Bewertung oder Körperempfindung?
Welche „echten" Gefühle stecken dahinter? (Angst, Freude ...)

Der Irrglaube vom „schlechten Gefühl“

Martin kommt abends nach Hause und merkt, dass etwas mit der Heizung nicht stimmt. Es ist eindeutig kälter als sonst. Wütend ruft er den Installateur an und beschwert sich, dass seine Heizung schlecht sei. Der Installateur kann mit seiner Angabe wenig anfangen: „Wie jetzt? Was meinen Sie mit schlecht? Was hat sie? Von welcher Heizung sprechen wir? Ist sie zu heiß oder zu kalt? Rinnt der Heizkörper? Ist das Thermostat kaputt? … “

Nicht in allen Bereichen und schon gar nicht bei Gefühlen (oder bei einer Heizung) lässt sich das beliebte Schema „gut & schlecht“, „falsch & richtig“, „Himmel & Hölle“ anwenden. Es gibt kein falsches, schlechtes Gefühl. Wenn wir uns beispielsweise auf ein Treffen freuen, ist das in Ordnung. Wenn wir Angst vor einem Termin haben, ist das ebenso in Ordnung. Denn will ich ein Gefühl nicht haben, weiß ich nicht, was ich damit anfangen soll. Ich komme in einen innerlichen Zwiespalt und in Versuchung, das Gefühlspendel zu blockieren. Wenn ich es jedoch akzeptiere, kann es sich bald wieder verabschieden und Platz für das nächste Gefühl schaffen. Ich lebe damit stressfreier.

Fazit: Jedes Gefühl hat seine Berechtigung und sollte daher nicht bewertet, sondern beschrieben, gelebt, gefühlt und zum Ausdruck gebracht werden.

Martin ruft den Installateur an: „Einer meiner Heizkörper funktioniert nicht mehr. Er springt nicht mehr an. Die anderen Heizkörper in unserer Wohnung gehen aber einwandfrei. Was kann ich tun?“ Antwort: „Sie könnten versuchen den Heizkörper zu entlüften. Dazu drehen Sie das Thermostatventil auf Null und versuchen dann ...“

Handlungsanleitung

Gefühle leben!

Zu Übungszwecken können Sie versuchen, Ihre Gefühle zu Papier zu bringen. Wie können Sie Ihr Gefühl beschreiben? Sie können auch die Gefühlsparameter-Tabelle (S. 18) verwenden.

Auf dem Weg zu einem Termin akzeptieren Sie Gefühle wie zum Beispiel Angst, Freude, Unsicherheit …
Reden Sie sich in Gedanken gut zu: „Ich weiß, ich habe Angst, aber das hätte jeder in dieser Situation."

Teilen Sie Ihre Gefühle mit dem Partner. „Ich freue mich, dass du da bist."

Warum fehlt uns der Zugang zu unseren Gefühlen?

Wir bewegen uns äußerlich und innerlich (zu) schnell durchs Leben. Zum einen arbeiten wir wie Maschinen und müssen uns stets konzentrieren. Zum anderen lassen sich manche Männer durch Alkohol, Internet, Einkaufen, Sex, Drogen oder eine andere Sucht ablenken. Auch wenn wir einmal keinen Stress haben, sind wir möglichst schnell unterwegs. Wir laufen die fahrende Rolltreppe hinunter, wir fahren mit dem Auto möglichst an der Geschwindigkeits-Höchstgrenze und wollen keine wertvolle Zeit verlieren.
Fakt ist aber: Je langsamer wir uns bewegen, desto mehr Gefühle spüren wir und nehmen uns und unsere Umgebung genauer wahr.

Hans ist auf der Autobahn von Salzburg nach Wien unterwegs. Sein Tacho zeigt 160 km/h an. Es ist viel Verkehr und Hans muss sich zu hundert Prozent auf die Straße konzentrieren. Da bleibt kein Platz für Gefühle. Würde er die Geschwindigkeit auf 100 km/h drosseln, wäre sein Kopf schon weit freier. Die Autofahrt wäre weit entspannter.

Handlungsanleitung

Folgende Übungen helfen, sich wieder mehr wahrzunehmen

Suchen Sie sich in der Natur ein freies Plätzchen. Gehen Sie, so schnell Sie können, hundert Meter. Aber nicht laufen!
Was fühlen Sie?

Gehen Sie anschließend dreihundert Meter so langsam wie möglich. Wenn Sie stehen bleiben, sind Sie eine Spur zu langsam.
Was fühlen Sie?

Welche Wahrnehmungsunterschiede stellen Sie zwischen den schnellen hundert Metern und den langsamen dreihundert Metern fest?

Meditation dient dazu, den Gedankenfluss zu stoppen und hilft, einen Zugang zu seinen eigenen Gefühlen zu bekommen. Wichtig dabei ist jedoch, Gefühle nicht zu bewerten. Man sollte nicht meditieren, um fröhlich zu werden. Meditation könnte auch tiefe oder alte, noch nicht verarbeitete Gefühle aus der Seele hervorlocken.

Übung 1: Meditieren Sie im Sitzen. Schließen Sie die Augen. Atmen Sie sechs Sekunden ein. Halten Sie sechs Sekunden den Atem an. Atmen Sie sechs Sekunden aus. Dann halten Sie wieder sechs Sekunden den Atem an. Wiederholen Sie diesen Prozess, und legen Sie Ihre Aufmerksamkeit auf das Atmen. Wenn Gedanken auftauchen, lassen Sie diese gelassen vorbeiziehen (nicht gewaltsam verdrängen!) und konzentrieren Sie sich wieder auf die Atmung.

ÜBUNG 1

6 Sekunden einatmen
6 Sekunden Atem anhalten
6 Sekunden ausatmen
6 Sekunden Atem anhalten

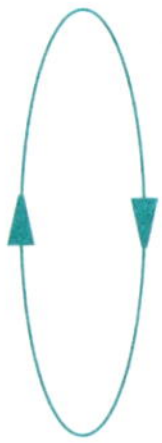

Übung 2: Meditieren Sie im Gehen. Gehen Sie zwei bis drei Minuten möglichst langsam. Konzentrieren Sie sich dabei auf die Atmung.

Schließen Sie die Augen so weit, dass Sie Ihre Umgebung kaum wahrnehmen, aber dennoch sicher unterwegs sind.

Übung 3: Meditieren Sie im Liegen. Schließen Sie die Augen. Atmen Sie sechs Sekunden ein. Dann halten Sie sechs Sekunden den Atem an. Atmen Sie sechs Sekunden aus und sagen Sie dabei in Gedanken zu sich selbst „Ich mag mich". Dann halten Sie wieder sechs Sekunden den Atem an. Wiederholen Sie diesen Prozess und richten Sie Ihre Aufmerksamkeit auf das Atmen. Wenn Gedanken auftauchen, lassen Sie diese gelassen vorbeiziehen (nicht gewaltsam verdrängen!) und konzentrieren Sie sich wieder auf die Atmung.

ÜBUNG 3

6 Sekunden einatmen
6 Sekunden Atem anhalten
6 Sekunden ausatmen
„Ich mag mich!"
6 Sekunden Atem anhalten

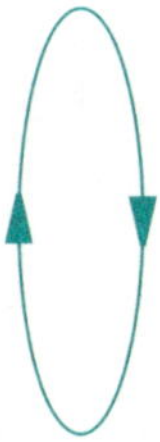

Übungen für den Alltag

Essen Sie möglichst langsam und kauen Sie oft. Diese Übung hat nicht nur auf die Gesundheit eine positive Auswirkung, sondern auch auf die Wahrnehmung und Empfindung am Gaumen. Sie kann außerdem helfen, Gewicht zu reduzieren.

Versuchen Sie, wenn Sie mit dem Auto unterwegs sind, sich an die Geschwindigkeitsbegrenzungen zu halten. Dadurch reduzieren Sie Ihren Stresspegel. Sie werden ruhiger und sicherer (keine Anspannung wegen Polizei, Radar, Unfallgefahr, Wild …).

Gehen Sie pünktlicher zum Arzt und genießen Sie die Zeit im Wartesaal. (Sie werden erstaunt sein, was Sie dort alles spüren.)

Lernen Sie faulenzen! Wir Menschen brauchen eine Balance zwischen Tun & Nichtstun, Spannung & Entspannung. Wir funktionieren wie eine Feder: Wenn die Feder immerzu spannt, wird sie mit der Zeit kaputt. Spannt sie nie, wird sie bei Spannung reißen.

Lebensgefühl

Gefühle kann man nicht steuern. Aber man kann Dinge tun, um die Wahrscheinlichkeit zu erhöhen, glücklicher und fröhlicher zu werden. Meistens reicht es einem Menschen schon, sich wieder einmal zu spüren. Jugendliche rasen beispielsweise gerne mit schnellen Autos um die Kurve, damit sie sich spüren. Sie haben den Zugang zu ihren Gefühlen meist nicht gelernt oder tun sich schwer. Sie sind gefühlsarm, weil ihnen viele der Gefühle „abgedreht" wurden. Durch extreme Situationen können sie (zumindest) Gefühle wie zum Beispiel Angst erleben.

Nicht nur Jugendliche, sondern alle Menschen wollen ein „Lebensgefühl" haben. Wenn kein Zugang zu den eigenen Gefühlen besteht, dann wird der „Kick" im Sport, in der Musik, in der Kunst etc. gesucht.

Beispiel Konzert:

Wenn ein Konzert berührend ist, kann man in wenigen Minuten lachen und weinen. Es löst die verschiedensten Gefühle in kürzester Zeit aus. Dabei handelt es sich um eigene Gefühle. Man nascht nicht bei den Gefühlen der Musiker mit.

Beispiel Film:

Bei der Entstehung eines Filmes arbeiten viele Supervisoren und Therapeuten mit. Ihre Aufgabe ist es, bei gewissen Szenen Gefühle beim Zuseher auszulösen. Dabei wird mit verschiedensten Techniken gearbeitet (Filmmusik, Farben, Tränen bei Hauptdarstellern …). Filme, in denen dies perfekt gelungen ist, sind beispielsweise die amerikanischen Filmdramen „Antwone Fisher", „Good Will Hunting", „Forrest Gump", „American Beauty", die italienische Tragikkomödie „Das Leben ist schön" oder Disneyfilme wie „König der Löwen".

Mitgefühl zeichnet uns Menschen aus

Das Mitgefühl mit allen Geschöpfen
ist es, was Menschen erst
wirklich zum Menschen macht.

Albert Schweitzer

Denkt man an die vielen Grausamkeiten während der Weltkriege, können Zweifel aufkommen, ob der Mensch überhaupt zu Mitgefühl fähig ist.

Speziell dem Mann wird gerne vorgeworfen, wenig Mitgefühl zu haben. „Er geht eiskalt vor." „Er geht über Leichen." Warum ist das so? Wie kommt es, dass Mitgefühl manchmal eine zu kleine Rolle in unserem Leben spielt?

Die Antwort lautet: Weil Mitgefühl lange Zeit von uns Menschen abgewertet wurde. Viele Grausamkeiten in der menschlichen Geschichte, aber auch viele Konflikte in alltäglichen (Partnerschafts-)Situationen wären nicht passiert, wenn Mitgefühl nicht mit „Schwäche" verbunden worden wäre. Uns wurde fälschlicherweise eingetrichtert: „Wer Mitgefühl zeigt, ist schwach, ein Weichei, ein Verlierer." Wir müssen daher wieder lernen, mehr Mitgefühl zu zeigen.

Handlungsanleitung

Wie entwickle ich mehr Mitgefühl?

Es gibt zahlreiche Situationen, in welchen wir Mitgefühl haben können (sollten). Zum Beispiel:

- Wenn wir auf der Straße sehen, wie ein Vater seine Kinder anschreit.
- Wenn wir bei jemanden zu Besuch sind und einen Streit miterleben.
- Wenn der Freund seinen Job verliert.
- Wenn der Arbeitskollege den Nobelpreis verliehen bekommt.

Stellen Sie sich die Frage:

Welches Gefühl löst das bei mir aus?
Wie würde ich mich fühlen, wenn mir das passiert? Wie würde ich mich fühlen, wenn ich in diese Situation kommen würde?

Trost & seelischer Heilungsprozess

Michael übt mit seinem 5-jährigen Sohn Moritz auf der Kinderpiste Skifahren. Mit den Händen auf den Knien versucht Moritz im Pflugschwung seine ersten Bogen. Auf einmal kippt Moritz zur Seite und landet im kalten Schnee. Der Vater kommt sofort herbeigefahren, hilft seinem Sohn wieder auf die Beine und versucht, den weinenden Skihelden zu trösten.
„Ein Indianer kennt keinen Schmerz. Schau, Moritz, wenn du jetzt zu weinen aufhörst, fahren wir nur noch bis zur Hütte und bestellen uns dort Pommes und Cola." Moritz wischt sich die Tränen aus dem Gesicht, beißt die Zähne zusammen und fährt mit seinem Vater die letzten Bogen bis zur rettenden Skihütte.

Wenn Kinder traurig sind und weinen, versuchen die meisten Eltern, ihren Nachwuchs abzulenken. „Schau mal, da ist ein Vogel. Schau mal, was ich da habe, ein Zuckerl. Wenn du aufhörst zu weinen, lese ich dir eine Geschichte vor." Eltern, die sich nicht anders zu helfen wissen, reagieren sogar mit Gewalt, nur damit ihre Kinder das Weinen unterdrücken. Das hat mehrere Gründe:

Erstens wollen sie sich von der Traurigkeit des Kindes nicht anstecken lassen.

Zweitens verwechseln sie meist Seelenschmerz und Heilungsprozess. Sie glauben, dass auch der Schmerz weg sei, wenn die Tränen weg sind. Das stimmt leider nicht.

Dieses Phänomen kann man bei Kleinkindern gut beobachten. Wenn Kinder an einem Seelenschmerz leiden und vom Weinen abgehalten werden, lassen sie das ihre Umgebung spüren. Sie werden grantig, vielleicht auch aggressiv. Die Eltern wissen dann oftmals nicht, warum.

Der Grund dafür ist, dass seelische Verletzungen (Demütigungen, Beleidigungen …) ebenso wie körperliche Verletzungen einen Heilungsprozess benötigen, damit sie verarbeitet werden können. Bei einer Verletzung am Körper bildet sich über der Wunde eine Kruste. Damit kann die Wunde verheilen. Ist die Seele verletzt, braucht die Wunde anstatt einer Kruste das Weinen. Es ersetzt sozusagen die Kruste oder das Pflaster.

Wenn ein Kind heulen darf – egal, wie lange es auch dauern mag – und man fragt danach nach der Ursache, ist diese oft schon vergessen. Denn Weinen ist eine Erleichterung. Nach ausreichendem Trauern wechselt das Gefühlspendel die Richtung und schwingt wieder auf die Höhenseite. Wenn nicht geweint wird, bleibt die Seelenwunde offen. Und offene Wunden – egal, ob körperlich oder seelisch – führen zu Energieverlust.

Die Zeit heilt Wunden?

Wenn bei Erwachsenen der Heilungsprozess zu kurz war – etwa der Tod eines Angehörigen nicht ausreichend verarbeitet wurde – dann ist die Seelenwunde nach Jahren nach wie vor offen.

Denn die Seele braucht, wenn sie verletzt ist, einen ausreichenden Heilungsprozess. Ist eine Verletzung aufgearbeitet, beeinflusst sie das Leben nicht mehr bzw. hat man gelernt, mit der Verletzung zu leben. Seelische Verletzungen lassen sich am besten behandeln, wenn man sich selbst erlaubt, seine Gefühle zu leben und sich diesen allein oder mit anderen Menschen hingibt. Der

Gesprächspartner muss kein Therapeut sein, auch ein Freund kann helfen. Wichtig ist, über seine Gefühle zu reden (und zu weinen).

Michael hatte einen herrlichen Tag. Sein Arbeitsprojekt wurde ausgezeichnet und eine Lohnerhöhung ist in Aussicht. Als er nach Hause kommt, will er seine Freundin Monika mit den guten Neuigkeiten und zwei Konzertkarten für den Abend überraschen.
Doch Monika ist nicht in Fortgehlaune. Zusammengekauert sitzt sie auf der Wohnzimmercouch und weint. Vor ihr liegt erneut eine Jobabsage. Das war die fünfte Absage dieser Woche.

Michael befürchtet, dass er sich seine Konzertkarten an den Hut stecken kann, und versucht, seine Freundin aufzumuntern. „Du musst es weiter versuchen! Die Personalchefs da draußen wissen ja gar nicht, welchen Fehler sie gemacht haben. Du bist stark, morgen geht's weiter mit neuen Bewerbungsschreiben. Positiv denken! Lass uns in das Konzert gehen und ein wenig Spaß haben."

Ist die Freundin traurig, versuchen Männer sie aufzubauen. Und zwar, weil sie selbst nicht auch traurig sein wollen. Sie versuchen, die Freundin aufzumuntern, und haben meist irgendwelche Lösungsvorschläge parat. Die Freundin reagiert nach den – meist gut gemeinten – Aufmunterungsversuchen oft grantig. Der Grund liegt darin, dass sie ihren Heilungsprozess nicht gehen darf und ihr unterschwellig vermittelt wird:

Was du tust, ist falsch.
Traurig sein ist falsch.
Fröhlich sein wäre richtig.
In dein Gefühlspendel gehört auf der Tiefenseite eine Barriere hineingepflanzt.

Ein Pendel kann nicht nur auf einer Seite einzementiert werden. Zum Leben gehört die ganze Bandbreite.

Trauer hat Vorrang

Ist es nicht unfair, dass sich immer der Glückliche dem Traurigen anpassen muss? Warum ist das so? Warum entscheidet der Traurige zwischen Abstand und Nähe? Das liegt daran, dass misslungene Tröst- und Aufheiterungsversuche oft zu Abwertungen führen („Du solltest wieder glücklich sein und schaffst es nicht“) und diese den Traurigen leicht verärgern können.

Beispiel 1:

Aussagen wie „So schlimm ist es eh nicht“ werten den Traurigen ab. Es bedeutet im übertragenen Sinn: „Hör auf zu jammern, du Waschlappen!“ Wenn der Traurige zustimmt, ärgert er sich und wertet sich selber ab. „Stimmt, so schlimm ist es wirklich nicht. Was bin ich für ein Weichei!“

Beispiel 2:

Wenn ein Kleinkind traurig ist und weint, streckt es den Eltern die Arme entgegen. Es sehnt sich nach der Nähe der Eltern und zeigt dies auch. Wenn ein Kleinkind aber weint und es von den Eltern selbstständig in den Arm genommen wird, obwohl es im Moment keine Nähe sucht, dann wird es strampeln, noch lauter schreien und alles unternehmen, um wieder losgelassen zu werden. Das Kind reagiert so, weil es die Nähe der Eltern aufgezwungen bekommt. Es darf den Abstand nicht selbst bestimmen. Das führt dazu, dass aus dem traurigen Kind ein grantiges und verärgertes Kind wird. Die Eltern machen aus dem primären Gefühl „Traurigkeit“ das sekundäre Gefühl „Wut“.

Handlungsanleitung
Trost

Was wirklich Trost schenkt, weiß nur derjenige, der weint. Manchmal reicht eine Umarmung, manchmal reicht Zuhören, manchmal will derjenige einfach allein sein. Wer unnötige Konflikte verhindern will, sollte den Traurigen zwischen Abstand und Nähe bestimmen lassen.

Drängen Sie keine Ratschläge oder Lösungen auf. Denn damit würden Sie sich als Tröstender über die traurige Person stellen. Es könnte ein hierarchisches Gefälle entstehen. Bieten Sie stattdessen an:
Wenn du mich brauchst, bin ich da.

Lassen Sie die traurige Person weinen. Ablenkung ist kontraproduktiv, denn Weinen ist für die verletzte Seele wie ein Pflaster für die blutende Schürfwunde.

Zeigen Sie Mitgefühl. Sie können Nähe erzeugen, wenn Sie Ihre Gefühle zum Ausdruck bringen (weinen, sich freuen, stolz sein ...).

Der Weg zu mehr Selbstbewusstsein

Denken und Empfinden
sind von Natur aus verschieden.

Aristoteles

Beispiel 1:

Manfred will bergsteigen gehen. Zuerst muss er jedoch wissen, auf welchen Berg er möchte. Auf den Linzer Pöstlingberg oder auf den Mount Everest? Manfred versucht es mit dem Großglockner, kommt aber nicht weit und bricht die Tour ab. Damit er sein Ziel doch noch erreicht, bittet er seinen Freund, einen Bergführer, um Hilfe.

„Bevor ich dir helfen kann, muss ich wissen, wo du stehen geblieben bist. Welche Route bist du gegangen? Wo waren deine körperlichen Grenzen erreicht? Welches Werkzeug und welche Jause hattest du mit?“

Beispiel 2:
Manfred sitzt in der Firma vor dem Computer und ärgert sich, dass sein Programm nicht so funktioniert, wie er es sich vorstellt. Voller Zorn ruft er einen EDV-Spezialisten (Programmierer) an und bittet ihn, das Programm umzuschreiben. Der EDV-Spezialist kennt sich nicht aus und fragt Manfred: „Bevor ich etwas umschreiben kann, muss ich wissen, um welches Programm es sich eigentlich handelt. Wie heißt es? Was kann es? Was kann es nicht? Was muss daran verändert werden?"
Der Programmierer muss zuerst einen Überblick haben. Erst dann kann er in die Tiefe gehen und es schaffen, das Programm so zu verändern, dass der Kunde zufrieden ist.

Erst wenn Gewissheit besteht, welche gedanklichen und emotionalen Prozesse ablaufen, ist eine Veränderung zu mehr Selbstbewusstsein möglich. Der Programmierer (Mensch) kann mit der Veränderung erst beginnen, wenn er die Programmiersprache und das Ursprungsprogramm versteht.

Die eigenen inneren Prozesse müssen ebenso genau angesehen werden.

Handlungsanleitung

Wie frage ich meine emotionalen Prozesse ab?

Um nicht in die eingefahrenen Verhaltensmuster wie „gut" und „schlecht" zurückzufallen, ist es hilfreich, die eigenen Grundgefühle mithilfe der Gefühlsparameter abzufragen. (Bin ich fröhlich oder traurig, hoffnungsvoll oder verzweifelt, sicher oder ängstlich?)
Ein Elektriker beginnt auch mit der Frage: „Gibt es Strom?" Erst dann fragt er: „Warum nicht?" oder „Wie hoch ist die Spannung?" So kann er sich schrittweise der Sache annähern.

Handlungsanleitung

Wie frage ich meine gedanklichen Prozesse ab?

Welche Gedanken habe ich? Die einfachste Methode, um das herauszufinden, ist sicherlich das regelmäßige Notieren im guten alten Tagebuch.

Aufzeichnen und beobachten: Es reicht, die verschiedenen Situationen stichwortartig (Wo bin ich?) und die inneren Gedanken so genau wie möglich festzuhalten (Was denke ich gerade?). Auch wenn einem die Gedanken nicht gefallen. Ziel ist es anfangs nur, die Gedanken zu beobachten, nicht zu verändern. Da der Mensch täglich zirka 50.000 bis 60.000 Gedanken hat, ist es unmöglich, alle aufzuschreiben. Es reicht daher, wenn jene Gedanken notiert werden, die einen am meisten emotional berühren oder in Bewegung bringen. Egal, ob es glückliche oder traurige sind.

Auslese: Nach einiger Zeit kann man beginnen, die Aufzeichnungen zu analysieren: Welche Gedankenmuster kommen in regelmäßigen Abständen, situationsbezogen oder tageszeitenbedingt immer wieder?

Anfangs wird man vielleicht noch nicht fündig werden. Doch mit der Zeit kann alles, wie bei einem Fernglas, immer genauer fokussiert werden. Wichtig ist, dass nach einiger Zeit etwas auffällt. (*Was spielt sich gedanklich in mir ab?*) Damit ist vielen Menschen schon geholfen. Wer beispielsweise herausfindet, dass er sich gedanklich regelmäßig abwertet („Ich bin nicht schön." „Ich bin unfähig für ..."), kann diese Gedankenmuster in Zukunft leichter verändern oder stoppen. Der Grund ist, dass einem diese negativen Gedanken bewusster werden und auffallen.

Hilfe: Wer nicht fündig wird, kann Hilfe von außen in Anspruch nehmen. Psychotherapeuten und Berater, die sich konkret mit dem Thema Gefühle auseinandersetzen, können zu Rate gezogen werden.

Handlungsanleitung

Allgemein

Halten Sie Ihre Gedanken an Arbeitstagen und an freien Tagen (Feiertag, Sonntag ...) auf Papier fest.

Finden Sie dabei heraus, ob es zu Unterschieden kommt und welche Gedanken immer wiederkehren.

Handlungsanleitung

Akutsituation

1. Schritt - Stopp

Wenn Sie selbst merken, dass sich plötzlich abwertende Gedanken wiederholen, müssen Sie diese stoppen. („Ich bin unfähig". „Ich bin hässlich!" „Warum bin ich noch immer alleine?"...) Das können Sie, indem Sie laut „Stopp" sagen oder für sich selbst ein Stopp-Signal ausdenken. Beispielsweise in die Hände klatschen oder auf den Tisch hauen. Wichtig ist, dass Sie Ihre Gedanken kurzfristig ablenken und danach ändern.

2. Schritt - Wie fühle ich mich?

Fragen Sie sich: „Wie geht es mir?" Wenn Ihnen Ihre wiederkehrenden negativen Gedanken nicht bewusst auffallen, dann fragen Sie bei einem Zeichen Ihrer Wahl Ihre Gedanken ab. („Wie fühle ich mich?") Als Zeichen können Sie die Kirchenglocken, ein Lied im Radio oder die Feuerwehrsirene usw. verwenden. Das Abfragen Ihrer Gefühle bewirkt, dass Sie vom gedanklichen Prozess auf den emotionalen Prozess wechseln. Wir können nicht gleichzeitig fühlen und denken. Sobald wir fragen: „Wie geht es mir?", hören wir auf zu denken und fangen an zu fühlen.

3. Schritt - Ich mag mich!

Jetzt sollten Sie laut sagen: „Ich liebe mich. Ich vertraue mir." Wenn Ihnen diese Formulierung noch zu stark ist, können Sie auch mit „Ich mag mich. Ich vertraue mir." beginnen. Verstärken können Sie diese Übung, indem sie die Sätze immer wieder wiederholen – am besten vor dem Spiegel.

4. Schritt - Wiederholung

Wiederholen Sie solange die Schritte 1 bis 3, bis der gewünschte Effekt (Reduzierung der Gedanken) eingetreten ist.

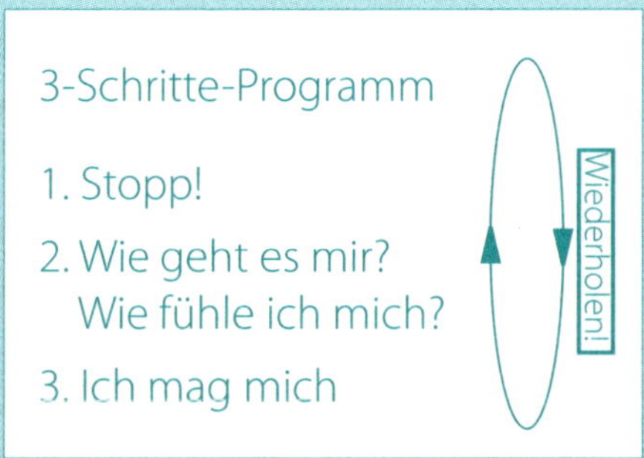

Handlungsanleitung
Vorbeugung

Führen Sie die eben beschriebene Übung regelmäßig am Abend durch. Notieren Sie sich zusätzlich jeden Abend Ihre persönlichen Erfolgserlebnisse des Tages. Denken Sie dabei vor allem an die kleinen Erfolge. Zum Beispiel:

Ich habe mein Kind erfolgreich ins Bett gebracht.
Ich war heute pünktlich in der Arbeit.
Ich habe heute eine Bewerbung geschrieben.

Verwenden Sie ruhigen Gewissens Erfolge, die oft als selbstverständlich angenommen werden. Denken Sie an das halbvolle Glas (positive Einstellung), nicht an das halbleere! Lesen Sie sich im Anschluss Ihre Erfolge vor dem Schlafengehen durch.

Schreiben Sie einmal 101 Erfolge Ihres Lebens auf. Zum Beispiel:

Ich hatte in der Schule in Deutsch eine Eins.

Immer wenn die Eltern nicht da waren, habe ich auf meine jüngeren Geschwister, den Hund, das Haus usw. aufgepasst.

Ich hatte 98 Prozent bei der Führerschein-Computerprüfung.

Was kann man tun, um das Risiko einer depressiven Erkrankung zu verringern?

Was ist der Unterschied zwischen Traurigkeit und Depression?

Traurig

Gerhards Aktien haben über Nacht stark an Wert verloren. „Ich verstehe ja, dass du traurig bist“, sagt seine Frau, „aber könntest du bitte trotzdem in den Keller gehen und Holz hacken. Der Kachelofen braucht Nachschub!“ Während sich Gerhard einsichtig in Bewegung setzt und bereits die Kellerstiege hinabsteigt, ruft ihm seine Frau noch nach: „Und könntest du bitte in einer Stunde deinen Sohn vom Fußballtraining abholen?“

Traurig sein bedeutet, dass das Gefühlspendel auf der „Tiefenseite“ steht. Gründe, um traurig zu werden, gibt es viele: ob seelische Verletzungen, Jobverlust, Tod des Haustieres, Fall der Aktienkurse oder Zurechtweisungen des Chefs. Traurig sein ist im Gegensatz zur Depression etwas Lebendiges und kein Dauerzustand. Wer traurig ist, kann noch immer viele Dinge tun. Neben dem Weinen kann man beispielsweise die Lieblingsspeise kochen, Auto putzen, Sport betreiben, einkaufen gehen oder Schnee schaufeln.

Depressiv

Der Wecker läutet. Gerhard sollte aufstehen und in die Arbeit gehen. Dennoch bleibt er einfach liegen. Er kann nicht anders, und das, obwohl er sicherlich zehn Stunden geschlafen hat. Das geht schon einige Tage so. Nachdem Gerhard das 20. Mal die Schlummerfunktion des Weckers betätigt hat, versucht er schließlich aufzustehen. Doch vergebens. „Warum bin ich so kraftlos? Das kann ja nicht wahr sein", denkt Gerhard und bleibt liegen.

Depressiv sein bedeutet auch, dass wir traurig sind, uns das aber nicht erlauben wollen und eine Blockade im Gefühlspendel einbauen. Wir brechen den Prozess des Traurigseins sozusagen ab. Oft wird die Depression durch die innerliche gedankliche Abwertung verstärkt: „Was bin ich für ein schlechter, schwacher Mensch?“ Wer depressiv ist, kann nicht, wie der Traurige, viele Dinge tun, sondern ist antriebslos und eingeschränkt. Er wird, wie durch ein unsichtbares Seil, festgehalten und kann sich nur unter großer Anstrengung bewegen. Allein aus dem Bett zu kommen, wird zum Problem.

Seelische Verletzungen haben ähnliche Auswirkungen wie körperliche, wenn sie nicht aufgearbeitet werden. Sie führen beim Menschen zu Energieverlust. Bei körperlichen Verletzungen verliert der Mensch beispielsweise Blut, bei seelischen Energie. Beides führt zu Schwäche.

Doch woher kommt diese Antriebslosigkeit?

Vergleichen wir den Menschen mit einer Dampflok. Um in Bewegung zu bleiben, muss der Dampfkessel ordentlich eingeheizt und „dicht“ sein. Wenn wir antriebslos sind, hat „unser“

Dampfkessel viele Löcher. Da die Energie, der ganze Druck, aus diesen Löchern herausströmt, kann kein Druck entstehen und die Lok kommt nicht richtig in Fahrt. So viel wir auch heizen und uns anstrengen, die Löcher im Kessel sorgen dafür, dass die emotionale Energie aus dem Kessel weiterhin ausströmt und die Lok stillsteht. Die Dampflok Mensch hat zwar Energie, kann diese aber nicht umsetzen.

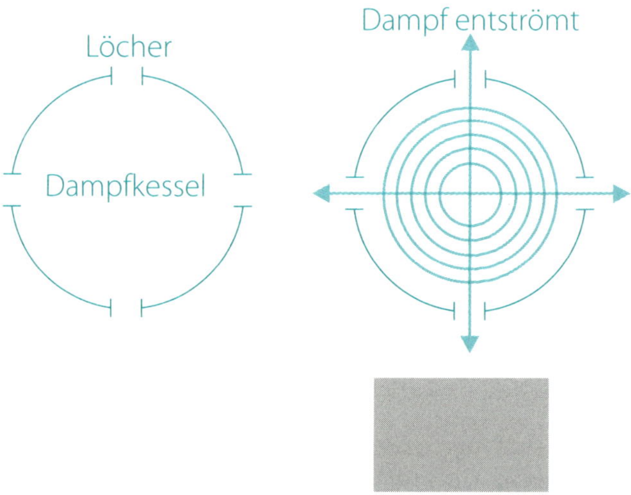

Ursache

Gefühle wollen gefühlt werden. Das ist ihr einziger „Wunsch". Sobald sie gefühlt, gelebt bzw. zum Ausdruck gebracht wurden, kommen bereits die nächsten.

Wir streben mehr danach,
Schmerz zu vermeiden
als Freude zu gewinnen.

Sigmund Freud

Gefühle, die uns glücklich machen, nehmen wir gerne an und leben sie. Manche Gefühle, meist die traurigen, wollen wir aber nicht erleben. Wir verdrängen oder stoppen sie und versuchen, eine Barriere aufzubauen. Aufgrund der Tatsache, dass immer mehr Gefühle hinzukommen, bekommen wir innerlichen Stress. Wir haben gelernt: „Glücklich darf ich sein, traurig nicht." „Die einen Gefühle will ich, die anderen nicht."

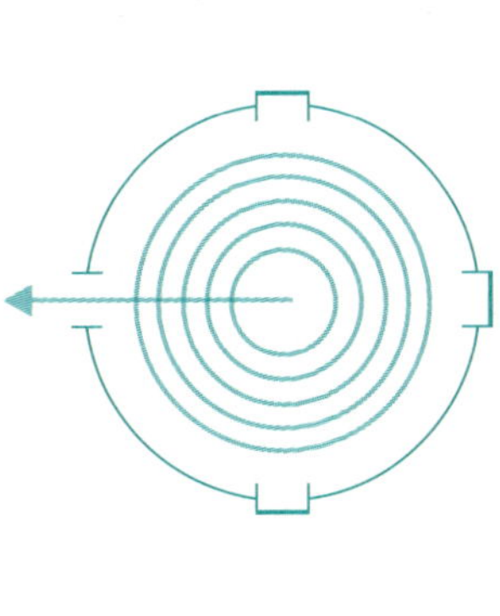

Löcher sind abgedichtet. So kann wieder Druck aufgebaut werden - die Lok kommt wieder in Fahrt.

Handlungsanleitung
Depressionen vorbeugen

Alle Gefühle sind in Ordnung: Um aus diesem Stressprozess wieder herauszukommen, sollten wir versuchen, den abgebrochenen Trauerprozess wieder in die Gänge zu bringen.

Wir sollten lernen, alle Gefühle zu leben, Barrieren abzubauen (das unsichtbare Seil zu kappen) und uns den tiefen Gefühlen anzunähern.

Bei Verdacht auf Depression ist eine medizinische/psychotherapeutische oder psychologische Abklärung in jedem Fall dringend anzuraten.

Gefühle als Geschenk

Freude - die einfachste
Form der Dankbarkeit.

Karl Barth

Hubert wird von einem Arbeitskollegen zum Geburtstag eingeladen. Als kleine Aufmerksamkeit bringt er eine Flasche Wein mit. Der Gastgeber nimmt die Flasche entgegen, sagt „Danke“ und bittet den Gast in die Wohnung.

Durch die knappe Reaktion des Arbeitskollegen weiß Hubert nicht, ob sein Geschenk gut ausgewählt war.

Hubert wird von einem Arbeitskollegen zum Geburtstag eingeladen. Als kleine Aufmerksamkeit bringt er eine Flasche Wein mit. Der Gastgeber nimmt die Flasche entgegen und sagt: „Ein Zweigelt aus dem Burgenland! Das weckt Urlaubsgefühle! Ich freue mich! Herzlichen Dank!“

Dadurch, dass er seine Freude nicht für sich behält, sondern mit dem Überbringer teilt, verstärkt er die Beziehung. Auch Hubert freut sich, wenn sein Geschenk offensichtlich gut ankommt.

Handlungsanleitung
Teilen Sie Ihre Gefühle Ihrem Gegenüber mit!

Der Beschenkte: Erzählen Sie, womit Sie das Geschenk in Verbindung bringen und was es in Ihnen auslöst. Dadurch kommen Sie mit dem Gegenüber in engeren Kontakt und werden sich selbst bewusster, was mit Ihnen passiert.

Das freut mich sehr. Das erinnert mich an unseren Urlaub in Italien. Damals hab ich in einem Geschäft genau so eine Sonnenbrille …

Der Schenker: Teilen Sie ebenfalls Ihre Gefühle.

Das freut mich, dass ich dich in Urlaubsstimmung bringen konnte.

Gefühlschaos in der Paarbeziehung

Menschen zu finden,
die mit uns fühlen und empfinden,
ist wohl das schönste Glück auf Erden.

Carl Spitteler

Die gefährliche Frage nach dem Warum

Karl ist traurig und kennt den Grund nicht. Er steht auf der Terrasse, blickt zum Himmel und überlegt so lange, bis er ein paar Lösungsvorschläge parat hat: „Vielleicht, weil es in meiner Beziehung im Moment nicht so gut läuft, weil ich nicht genug Zeit für mich habe, weil ich heuer keine Lohnerhöhung mehr bekomme, weil der Benzinpreis wieder in die Höhe geschnellt ist …"
Nach reiflichen Überlegungen glaubt Karl zu wissen, dass es doch an der Beziehung liegt. Doch warum eigentlich? Karl grübelt weiter.

1. Wer ständig nach dem „Warum“ fragt, hängt schnell in einer Gedankenschleife, aus der man sich nur schwer wieder lösen kann. Ist erst ein möglicher Grund gefunden, muss dieser erneut begründet werden.

„Warum bin ich traurig?“
„Weil Grund 1.“
„Warum Grund 1?“
„Weil Grund 2.“

Ganz nach der typischen Kinderfrage:
„Papa, warum ist der Himmel blau? Und warum? Und …“

2. Karl möchte seinen Gefühlen auf den Grund gehen, da er nach einer Lösung des „Problems“ sucht. Er beginnt daher nachzudenken. Er wechselt damit aber von der Gefühlsebene auf die Gedankenebene. Denn Fühlen ist keine Denkaufgabe, sondern eine „Fühlaufgabe“.

Im Hirn wird man keine Lösung für das Herz finden. Im Gegenteil: Wenn gedacht wird, sind die Gefühle größtenteils abgeschaltet (und umgekehrt). Man kann nicht gleichzeitig denken und fühlen. Es gibt nur „entweder – oder“.

Sonja ist traurig und weint. Ihr Freund Sebastian fragt: „Warum bist du traurig? Liegt es vielleicht daran, dass ich zu spät nach Hause gekommen bin oder dass ich vorhin nicht mit dir die Romantikkomödie im Fernsehen sehen wollte?“ Sonja verneint und wird gereizt.

Sebastian will nicht, dass Sonja traurig ist, und versucht, sie abzulenken. Er versucht, Gründe zu finden und die Situation nach dem Motto „Problem erkannt, Problem gelöst“ zu erledigen. Seine Vorgehensweise funktioniert im technischen Bereich sehr gut, auf der Gefühlsebene ist sie aber fatal.

Wenn jemand traurig ist und mit Fragen konfrontiert wird, dann wird die Person zum Denken gezwungen und kann sich den Gefühlen nicht hingeben. Sie befindet sich aber gerade auf der emotionalen Ebene und will nicht denken, worauf gereizte Stimmung folgt.

Sonja könnte es auch als Abwertung interpretieren. „Mein Weinen ist nicht okay. Deshalb möchte Sebastian, dass ich damit aufhöre.“

Handlungsanleitung
an den Tröstenden

Sagen Sie Ihrem Gegenüber:
Ich bin für dich da.

Stellen Sie die Frage:
Kann ich etwas für dich tun?

Setzen Sie sich neben die traurige Person.

Wenn diese gehalten und gedrückt werden will, erfüllen Sie diesen Wunsch – vorausgesetzt, es passt für Sie selber auch.

Handlungsanleitung
an den Traurigen

Wenn Sie in der Akutsituation nicht angesprochen werden wollen, sagen Sie Ihrem Gegenüber, Sie wollen das Thema in einer ruhigen Situation (zu einem späteren Zeitpunkt) besprechen.

Damit sich Ihr Gegenüber richtig verhalten kann, sollten Sie Ihre Wünsche äußern. Geben Sie klare Handlungsanleitungen.

Besser, als das Trösten (mit Blicken, Verhalten) einzufordern, sind eindeutige Wünsche wie beispielsweise:

Bitte drück mich.
Bitte lass mich jetzt alleine.
Bitte setz dich neben mich.
Bitte hol mir eine Decke.
Bitte mach mir einen Tee.
Bitte schalte den Fernseher aus.

Je klarer die Anweisungen, desto eher ist der Tröstende mit seinem Ziel, Trost zu spenden, erfolgreich.

Warum habe ich dieses Gefühl?

Denken und Fühlen sollte und kann man nicht vermischen.

Denken und Fühlen sollen und können wir nicht vermischen. Die Lösung der Mathematikaufgabe 32 + 32 kann nicht erfühlt werden. Das ist eine Denkaufgabe. Gefühle können wir nicht erdenken. Es ist also eine „Fühl-Aufgabe".

Wenn wir die „Warum"-Frage stellen, fangen wir an zu denken und fühlen nicht mehr. Wir unterbrechen damit den emotionalen Prozess.

Manchmal werden aus der Tiefe der Seele Gefühle an die Oberfläche gespült, die wir momentan nicht zuordnen können. Wir kennen dann den Grund unserer Gefühle nicht. Das ist unbefriedigend, kann aber nicht geändert werden. Genauso wie in vielen anderen Bereichen unseres Lebens, müssen wir uns damit abfinden, den Grund nicht zu kennen.

Gedanken rechtfertigen Gefühle

Unsere Gefühle sind stets
früher als der Verstand erregt.

Oscar Wilde

Laut wissenschaftlichen Erkenntnissen sind Gefühle drei bis sieben Zehntelsekunden schneller als Gedanken. Sie beeinflussen uns in unseren Entscheidungen mehr als wir glauben. Der südamerikanische Gehirnforscher Antonio R. Damasio behauptet sogar, dass Gedanken dazu da sind, um unsere Gefühle zu rechtfertigen. Dieser Versuchung sollten wir widerstehen.

Handlungsanleitung

Wichtig ist es, zu wissen, welche Gefühle Sie haben - und nicht warum Sie diese haben.

Um nicht in die Gedankenspirale zu geraten, sollten Sie die Warum-Frage vermeiden. Bleiben Sie auf der emotionalen Ebene!

Gefühle helfen beim Berufswechsel

Nicht nur im Beruf selbst, sondern bereits beim Vorstellungsgespräch kann das Wissen über die eigenen Gefühle hilfreich sein.

Mir gefallen Ihr Unternehmen, Ihre Produkte, die Art Ihrer Werbung, das Gebäude, die sympathische Atmosphäre. Ich freue mich und bin stolz, in dieser Firma arbeiten zu dürfen. Meine Freunde werden mich dafür beneiden und meine Eltern werden sehr stolz sein. Schon als Student bin ich oft an ihrer Firma vorbeigefahren und wusste, dass ich irgendwann einmal hier arbeiten werde.

Handlungsanleitung
Vorstellungsgespräch

Bewerbungsexperten empfehlen, möglichst viele „Gefühlsverben" in das Vorstellungsgespräch hineinzupacken. Zum Beispiel:

Mir ist der freundliche Umgang in Ihrer Firma aufgefallen. Ich freue mich darauf, Ihr Team verstärken zu dürfen.

Der Personalchef sollte die Begeisterung, die Sie für die angestrebte Position und Firma haben, spüren.

So werden Sie zum guten Erzähler

Erst Gefühle verleihen Ereignissen Bedeutung.
Ereignisse ohne begleitendes
Gefühl sind bedeutungslos.

Unbekannt

Wer bei Gesprächen, Erzählungen oder Geschichten seine eigenen Gefühle mit hineinpackt, wird beim Zuhörer ein größeres Interesse wecken. Wenn beispielsweise die Großeltern erzählen, wie sie den Krieg erlebt haben, dann nennen sie nur wenige Fakten und Zahlen. Natürlich ist das auch interessant. Gefesselt wird der Zuhörer allerdings erst, wenn Gefühle eine Rolle in der Geschichte einnehmen. Wenn der Profibergsteiger einen Vortrag über seinen Aufstieg auf den Mount Everest hält, der Formel-1-Fahrer über das Rennen seines Lebens oder der Mitarbeiter über das Kundengespräch mit dem chinesischen Geschäftspartner, erinnern sich die Zuhörer später mehr an die ausgesprochenen Gefühle, als an Zahlen und Fakten. In den folgenden Beispieltexten werden Gefühle ausgedrückt:

Als ich 1943 in Stalingrad dem Russen Auge in Auge gegenüberstand, rannten mir die Angstperlen von der Stirn. Doch dem Russen schien es nicht anders zu gehen. Ich war unsicher, ob ich schießen oder einfach flüchten sollte. In seinen Augen spiegelte sich die Traurigkeit und die Kälte des Krieges wieder …

Plötzlich donnerte der Berg und das Gestein löste sich. Ich wusste gar nicht, wie mir geschah, als meine Hand nur noch einen losen Brocken in der Hand hielt. „Jetzt ist es aus und vorbei mit mir", dachte ich, während ich hilflos mit rasender Geschwindigkeit in die Tiefe stürzte. In mir herrschte plötzlich absolute Leere. Komischerweise hatte ich keine Angst – vielleicht weil ich keinen klaren Gedanken fassen konnte. Wie in einem Diavortrag flogen die Bilder in meinem Kopf vorbei. Und dann kam ich auf die rettende Idee und …

Meine sehr geehrten Damen und Herren! Zusammenfassend kann ich berichten, dass die Übernahme GmbH an unserem Unternehmen interessiert ist und auch unseren finanziellen Vorstellungen nachkommen würde. Finanziell wäre dieses Projekt eine sichere Angelegenheit. Allerdings hatte ich schon vor dieser Besprechung Angst um die Zukunft unserer langjährigen Mitarbeiter. Dieses Gefühl bestätigte sich, als …

Ich fühle, also lebe ich: Der Grund, warum Gefühle großes Interesse beim Zuhörer wecken, ist, dass Gefühle Nähe erzeugen und uns berühren.

Handlungsanleitung

Gefühlvolles Erzählen

Packen Sie in Ihre Erzählungen, Vorträge, Texte, Reden usw. auch Gefühle mit hinein. Selbst Journalisten bedienen sich dieser Idee.

Herr X, wie geht es Ihnen dabei, wenn Sie in der Zeitung lesen, dass der Prominente X schon fünfmal seine Frau betrogen hat?
Wie geht es Ihnen damit, dass es Ihr Sportkollege jetzt ins Halbfinale geschafft hat?

Schenken Sie Gefühle: Immer wenn Sie über sich und Ihre Gefühle erzählen, ist die Aufmerksamkeit mehr bei Ihnen.

Ohne Gefühle: „Die Umsatzzahlen sind um 5 Prozent gestiegen".

Mit Gefühlen: „Die Umsatzzahlen sind um 5 Prozent gestiegen. Das freut mich sehr. Ich bin mir sicher, dass es mit dem Unternehmen auch in Zukunft bergauf gehen und es noch lange bestehen wird."

Mit Gefühlen: „Die Umsatzzahlen sind um 50 Prozent eingebrochen. Ich habe Angst und bin mir unsicher, ob das Unternehmen das auf lange Sicht aushalten wird. Was, liebe Mitarbeiter, können wir tun, damit es wieder bergauf geht?"

Mehr Sicherheit, weniger Manipulation

Wer seine Gefühle kennt, ist weniger manipulierbar

Thomas ist geschäftlich viel unterwegs. Er akzeptiert seine Gefühle, seine Stärken und Schwächen. Er kann damit umgehen und ist mit sich selbst zufrieden. Wenn Thomas beruflich mit Menschen zusammen ist, die ihn mögen, freut er sich. Wenn er Leute kennenlernt, die ihn nicht mögen, macht es ihn traurig. Es bricht für ihn dadurch aber keine Welt zusammen. „Dann halt nicht." Thomas zuckt mit den Schultern und macht seine Aufgaben/seine Arbeit weiter.

Rafael hat einen neuen Job und versucht, sich mit den neuen Arbeitskollegen anzufreunden. Die ersten Tage verliefen nicht so, wie Rafael es sich vorgestellt hatte. Er ist unzufrieden mit seiner Leistung und fürchtet sich nun davor, dass ihn seine Kollegen nicht mögen. Rafael nimmt sich vor, seine Arbeit zu verbessern und keine Schwächen mehr zuzulassen. In der Mittagspause gesellt er sich zu einer Gruppe im Kaffeezim-

mer. Ein Kollege erzählt einen rassistischen Witz. Nach der Pointe brüllen alle Kollegen lauthals los. Auch Rafael lacht lautstark mit, obwohl er Witze dieser Art nicht ausstehen kann.
Im Gegensatz zu Thomas ist Rafael mit seinen Gefühlen und dadurch mit sich selbst nicht zufrieden. Dadurch, dass er sich selbst nicht oder nur wenig mag, ist er bereit viel zu tun, damit ihn zumindest andere mögen. Rafael, und mit hoher Wahrscheinlichkeit zahlreiche weitere Menschen, reagieren so, weil sie seit ihrer Kindheit oft als Person abgewertet wurden, wenn sie einen Fehler gemacht haben. Eltern, Lehrer und Freunde unterscheiden im Kontakt mit Kindern häufig nicht zwischen der Person und dem Verhalten einer Person.

Eine Milchflasche steht am Tischrand. In einem unachtsamen Moment streift sie der kleine Sevi mit dem Ellbogen. Die Flasche fällt zu Boden und zerbricht. Der Vater kommt wütend auf Sevi zu und beschimpft ihn als Dummkopf. Der Vater wertet mit seiner Aussage die Person „Sevi" ab, anstatt seine Handlung zu kritisieren. („Ich liebe dich. Aber stell die Flasche bitte in Zukunft in der Tischmitte ab. Dann kann sie nicht mehr so leicht heruntergestoßen werden!")

Das höchste aller Gefühle
für einen Menschen ist,
dass er anerkannt und geschätzt wird.

Handlungsanleitung

Erklären statt Abwerten

Es ist wichtig, Kindern alles mit Liebe zu erklären und sie nicht abzuwerten. Beginnen Sie Erklärungen beispielsweise mit
Ich schätze/liebe dich sehr, deshalb ...

Geben Sie klare Anweisungen in kleinen Schritten. Unterscheiden Sie, zu wem Sie sprechen.
Wer ist mein Gegenüber? Wie alt ist mein Gegenüber?
Sprechen Sie nachvollziehbar und verständlich.

Zum Beispiel bei einem Kleinkind:
„Hol bitte die Flasche aus dem Kühlschrank. Halte mit der rechten Hand den Flaschenhals fest und fasse mit der linken Hand darunter. Gehe jetzt mit der Flasche langsam zum Tisch. Stelle sie nicht an Tischrand, sondern vorsichtig

in die Tischmitte. Danach gehst du zum Kühlschrank zurück und machst die Türe zu.“

Vermeiden Sie unkonkrete, sinnlose Äußerungen oder Fragen wie:

Warum machst du das?
Wieso stößt du die Flasche hinunter?
Warum tust du so blöd?
Fahr gescheit (mit dem Rad, Ski ...)!
Tu gescheit!

Gefühle geben den Weg vor

Die Vernunft formt den Menschen,
das Gefühl leitet ihn.

Jean-Jacques Rousseau

Wer seine Gefühle kennt und akzeptiert, kann seinem Lebensweg bzw. Lebensplan leichter treu bleiben.

Personen, die Gefühle wie „Traurigkeit" etc. nicht haben möchten, weichen diesen aus. Sie sind damit automatisch eher dazu geneigt, Entscheidungen zu treffen, die sie oder ihre Gegenüber nicht traurig/ängstlich/verzweifelt … machen. Dadurch sind sie eher in Gefahr, Entscheidungen zu treffen, die nicht zu ihnen und ihrem Lebensweg passen. Ihre Entscheidungen werden ohne Erlaubnis der Gefühle oftmals in die falsche Richtung getroffen. Wenn der Anspruch darin besteht, dass jede Entscheidung uneingeschränkt glücklich machen soll, bleibt nicht viel Spielraum. Wir leben in einer Kultur, die dem Irrtum unterliegt, jede Entscheidung, die wir treffen, muss uns fröhlich und glücklich machen, sonst ist diese Entscheidung falsch. Wir können aber auch „richtige“ Entscheidungen treffen, die uns, unser Gegenüber oder beide im ersten Moment traurig, ängstlich oder einsam machen. Trotzdem sind sie richtig.

Wenn wir allerdings nach der Idee leben, jede Entscheidung müsse uns fröhlich, glücklich und auf gar keinen Fall traurig, ängstlich, einsam oder verzweifelt machen, kann es sein, dass diese Entscheidungen nicht unserem Lebensweg entsprechen. Sie verhindern eher tiefe Gefühle und lassen uns im Leben viele und lange Umwege gehen.

Franz hat beschlossen, seinen Job als Bankmanager aufzugeben, und möchte eine Ausbildung zum Krankenpfleger starten. Franz ist sich bewusst, dass diese Entscheidung seine Eltern, seine Arbeitskollegen und sogar ihn selbst vielleicht traurig stimmen wird. Ihm ist bewusst, dass er aus seinem gewohnten Lebensumfeld herausgerissen wird. Möglicherweise wird er zu Beginn seiner Ausbildung einsam sein. Doch Franz weiß, dass Traurig-

keit und Einsamkeit nur kurzfristig da sein werden und es schnell wieder bergauf geht. Er möchte sich seinen Kindheitstraum erfüllen.

Zehn Jahre später blickt Franz auf die Zeit seiner Berufsveränderung zurück. Er ist inzwischen diplomierter Krankenpfleger und leitet seine eigene Abteilung im Krankenhaus. Jeden Tag hilft er kranken Menschen. Es ist eine erfüllende Arbeit, die ihn sehr glücklich macht. Seine Entscheidung war richtig. Er ist froh, den Schritt gewagt zu haben.

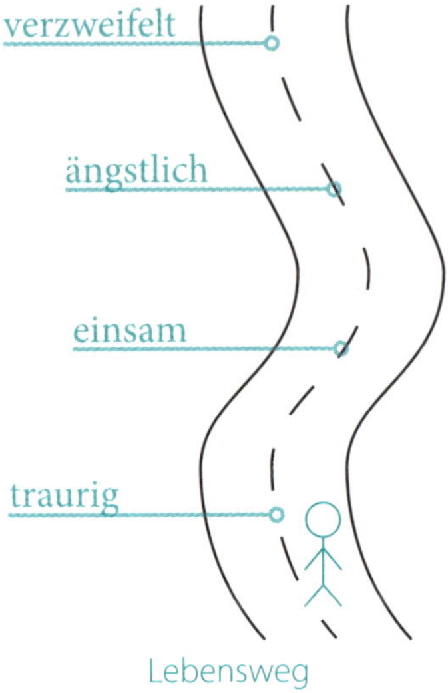

Wenn ich auf meinem Lebensweg unterwegs bin, könnte ich traurig, einsam, ängstlich und verzweifelt werden.

Wenn ich diese Gefühle nicht haben möchte, fange ich an, Umwege zu gehen.

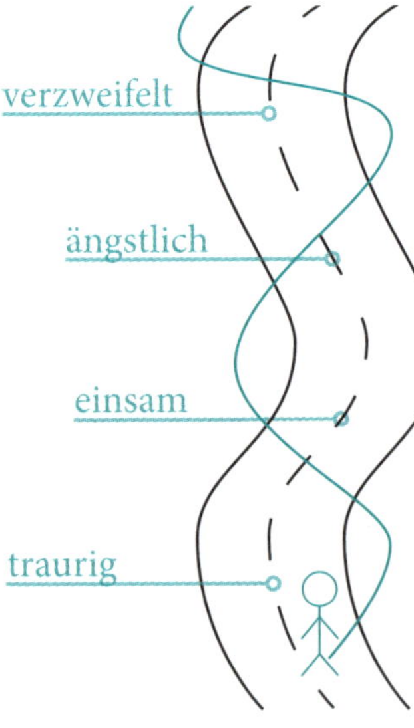

Wenn ich Umwege gehe, tauchen neue Gefühle auf, die ich nicht haben möchte.
Daher werde ich noch weitere Umwege gehen.

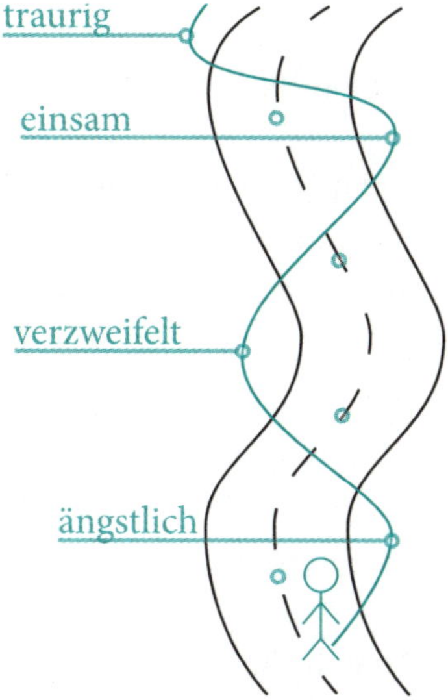

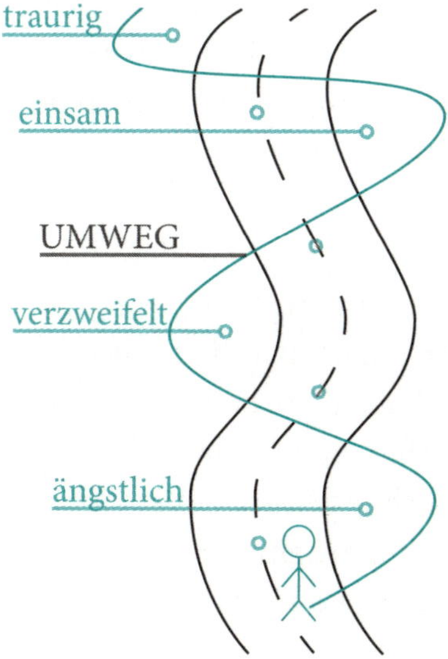

Wenn ich so weitermache, gehe ich noch größere Umwege. Ich lege dadurch viele leere Kilometer im Leben zurück.

Handlungsanleitung

Versuchen Sie, sich treu und auf der Spur zu bleiben! Wer „tiefe" sowie „hohe" Gefühle bei sich und anderen zulässt und akzeptiert, dem gelingt es leichter, auf seiner Lebensspur zu bleiben. Wer jedoch „tiefen" Gefühlen (oder möglicherweise auch „hohen" Gefühlen) ausweicht, driftet leicht und immer weiter von der Spur ab.

Geben Sie nicht sofort auf! Wenn zum Beispiel der Schwimmtrainer sagt, dass aus Ihnen nie ein guter Schwimmer wird, lassen Sie sich nicht entmutigen. Vielleicht haben Sie einfach den falschen Trainer. Das gilt auch im Job, während der Ausbildung ...

Lassen Sie sich nicht demotivieren! Kommt zum Beispiel nach einem Bewerbungsgespräch eine Absage, hat sich Ihr Status in Wahrheit nicht verändert. Sie hatten den Job/die Ausbildung vorher nicht, jetzt halt auch nicht. Sie haben nichts verloren. Versuchen Sie es bei anderen Unternehmen, Instituten etc. weiter! Irgendwann kommt das „Ja".

Argumentation und Deeskalation

Wer seine Gefühle kennt, kann besser argumentieren und sich bei Konflikten auf angemessene Art und Weise wehren. Wenn man beispielsweise beleidigt wird, kann man streiten, verbal zurückschlagen oder mithilfe seiner Gefühle sofort die Beziehung klären und sachlich weiterarbeiten.

Der Chef kommt zur Tür herein und schimpft seinen Sekretär: „Du Taugenichts hast schon wieder vergessen, den Samstagtermin abzusagen. Du bist ja wirklich für alles zu blöd." Der Sekretär sieht seinen Chef ernst an und entgegnet: „Was Sie sagen, tut mir weh und kränkt mich. Hören Sie bitte auf damit!" Der Chef sieht den Sekretär verblüfft an, ringt nach Worten - und entschuldigt sich schließlich für seine Aussage.

Der Sekretär antwortet, indem er über seine Gefühle spricht. Er geht nicht auf den Vorwurf seines Chefs ein. Er verwendet keinen Argumentationstrick, kein eingelerntes Manöver, sondern sagt, was er fühlt (Es tut weh.) und was er gerne möchte (Bitte aufhören!). Der Sekretär führt eine saubere Kommunikation. Er bleibt authentisch und gibt seinem Chef die Verantwortung für seine Aussage. Diese Reaktion ist hart für den Sprecher – aber auch für den Empfänger.

Handlungsanleitung
für den Streitfall

Konfrontieren Sie im Streitfall Ihr Gegenüber mit Ihren Gefühlen. Reagieren Sie mit kurzen Antworten, denn diese berühren mehr. Beispielsweise:

Was Sie sagen, tut mir weh und kränkt mich. Hören Sie bitte damit auf.

Verlängern Sie die Antwort nicht unnötig. Zum Beispiel: „Wir hatten diese Diskussion bereits vor drei Monaten. Schon damals habe ich dir gesagt, dass …"

Je länger die Antwort ist, desto mehr an Energie verliert sie. Unterstellungen häufen sich und das Gegenüber hört nicht mehr zu.

Leiten Sie keinen Gegenangriff ein, indem Sie beleidigend und kränkend reagieren. Gehen Sie nicht auf unberechtigte Vorwürfe ein.

Gewalt in Beziehungen

Gewalt bringt keine Pflanze zum Wachsen.
Sie reißt höchstens ihre Wurzeln aus.

Walter Ludin

Gewaltsame Familien- und Beziehungstragödien erschüttern immer wieder die Öffentlichkeit. Jetzt wurde ein neuer Fall in Bergdorf bekannt. Ein Familienvater soll nicht nur seine Frau, sondern auch seine Kinder jahrelang geschlagen haben. Unser Reporter vor Ort hat die Nachbarn des Täters befragt.

Er war doch immer so ein Lieber, es hat ja nie was gegeben …

Wir können es noch immer nicht glauben!

80 Prozent der Täter sind Männer

Beziehungsgewalt ist ein Ausdruck von Ratlosigkeit und Ohnmacht. Die Täter sind in allen sozialen Schichten und Altersklassen zu finden. Der gefährlichste Ort ist dabei das Wohnzimmer bzw. die eigenen vier Wände. Statistisch gesehen passieren dort auch die meisten Morde. Untersuchungen zeigen, dass Gewalt in rund 80 Prozent der Fälle von Männern und in 20 Prozent von Frauen ausgeht.

Warum sind Männer so gewaltanfällig?

Die tieferliegende Ursache für Gewalt ist, so Diplompsychologe, Psychotherapeut und Gewaltpädagoge Joachim Lempert, dass Männer oft schon als Buben lernen, Demütigungen, Herabsetzungen und Kränkungen auszuhalten, wegzustecken oder zu übergehen. Sie lernen von klein an, „cool" zu sein – ganz nach dem Motto: „Ein Indianer kennt keinen Schmerz". Dadurch kann es vorkommen, dass das „emotionale Fass" einmal voll ist. Ist dies der Fall, genügt nur ein Tropfen, um es zum Überlaufen zu bringen.

Oft gehen einem Gewaltausbruch langjährige Demütigungen und Kränkungen in der Beziehung voraus. Oder Paare kommen einfach nicht voneinander los, versuchen es wieder miteinander und irgendwann kommt es zur Eskalation. Seelische Verletzungen und Demütigungen wurden in diesen Fällen nicht aufgearbeitet. Das liegt auch daran, dass nicht geweint wird, wenn es zu Kränkungen und seelischen Verletzungen kommt. Fazit: Wenn wir uns das Weinen erlauben würden, käme es zu weit weniger Affekthandlungen.

Ein weiterer Grund ist, dass für Männer Gewalt in der Geschichte eher erlaubt war. Seit Jahrhunderten ziehen Männer in den Krieg und üben Gewalt aus. Frauen greifen – zumindest in Europa – kaum zu Waffen.

Männer kommen in einen gefährlichen Gefühlszustand, wenn sie nicht mehr argumentieren können und hilflos sind. Hilflosigkeit ist jenes Gefühl, das am schlimmsten auszuhalten ist. In Beziehungskonflikten schlagen Männer nur zu, wenn sie verzweifelt, ratlos, ohnmächtig sind und nicht mehr weiter wissen. Mit der Gewalttat wird dieser Zustand beendet.

Männer haben oft nicht gelernt, ihre Gefühle zuzulassen und ihre Ideen und Wünsche gewaltfrei durchzusetzen. Im Konfliktfall entstehen deshalb Verzweiflung, Ratlosigkeit und Ohnmacht. In dieser Situation glaubt der Betroffene, nur durch Zuschlagen das Problem lösen zu können. Dabei wird die Gewalt meist an Menschen gerichtet, die dem Täter am nächsten stehen. Sie sind die Auslöser, daher auch die Gewaltopfer.

Verschiedene Phasen der Gewalt

Gewalttäter in Beziehungen sind oft Wiederholungstäter. Die Gewalthandlungen werden in den meisten Fällen brutaler, die zeitlichen Abstände verkürzen sich. Der Grund liegt darin, dass die Täter keine Alternativen lernen, wenn sie keine Unterstützung von außen bekommen oder in Anspruch nehmen. Sie befinden sich in einem Gewaltkreislauf, aus dem sie alleine nicht mehr herauskommen.

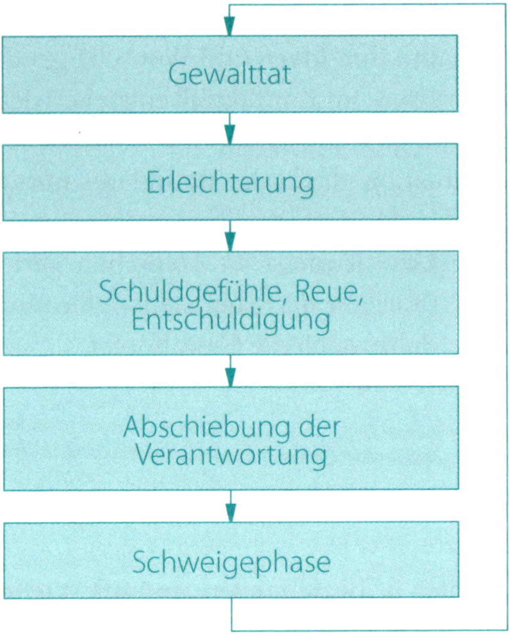

© Gewaltspirale nach Joachim Lempert

Täter durchwandern im Gewaltkreislauf verschiedene Stationen. Die körperliche Gewalttat erleichtert die Täter. Sie können „unangenehme Gefühle“ wie Ohnmacht und Hilflosigkeit „schlagartig“ abwehren. Bei den ersten Schlägen setzt in vielen Fällen das Bewusstsein aus. Die Täter haben sich nicht mehr unter Kontrolle

(„Blackout“). Kurze Zeit später werden die Folgen der Tat allerdings mit Entsetzen wahrgenommen.

Die Folge sind Schuldgefühle. Täter entschuldigen sich beim Opfer, oftmals sogar mit Geschenken. Sie sehnen sich zunehmend nach Nähe zum Geschlagenen und versprechen häufig, „dass es nie wieder vorkommen wird“. Sie versprechen dem Opfer, unter Umständen auch dessen Angehörigen, Besserung. In dieser Phase revidieren die Opfer häufig mögliche Trennungsbegehren, widerrufen Aussagen (zum Beispiel im Rahmen eines Strafverfahrens), brechen Beratungsgespräche ab oder kehren aus dem Frauenhaus nach Hause zurück.

In weiterer Folge suchen die Täter nach der Ursache des Gewaltausbruchs oft in äußeren Umständen (zum Beispiel Alkohol, Probleme im Berufsleben ...). Sie kommen häufig mit der Verantwortung für ihr Handeln nicht zurecht und versuchen diese deshalb auf das Opfer abzuschieben. („Du hast mich provoziert, gereizt ...“, „Es wäre nie so weit gekommen, hättest du nicht ...“) Oft akzeptieren diese die Anschuldigungen, weil sie den geliebten Partner nicht verlieren möchten und hoffen, dass es nie wieder zu einer Gewalthandlung kommen wird. Weitere Gründe für diese Reaktion können Trennungsangst, Kinder oder finanzielle Aspekte sein.

Es folgt die Phase des Schweigens. Täter sowie Opfer bemühen sich, nicht mehr über die Gewalttat zu sprechen, damit diese nicht mehr vorkommt. Sie versuchen zu vergessen und überlegen sich, wie sie das Geschehene wieder gutmachen können. Die Phase des Schweigens ist die gefährlichste Zeit für einen Rückfall, da der Täter oft versucht, seine Gefühle zu unterdrücken. Sein emotionales Fass füllt sich wieder. Verzweiflung, Ratlosigkeit und Ohnmacht können im Konfliktfall erneut zu einer Gewalttat führen.

Handlungsanleitung

Akutsituationen

Sobald der Mann merkt, dass er in Gefahr ist, gewalttätig zu werden, ist es hilfreich, dass er ehestmöglich den Ort verlässt. Wenn er zu lange wartet, könnte der „Point of no return" überschritten und eine Gewalttat nicht mehr verhindert werden. Ziel ist es, zu verhindern, jenen Menschen zu schlagen, der ihm meist am nächsten steht.

Wenn der Mann geht, ist es wichtig, dass er seiner Frau sagt

1. dass er geht
2. wohin er geht und
3. wann er wieder zurückkommt

Dadurch soll verhindert werden, dass er wutentbrannt die Frau verlässt, ins Auto steigt und mit quietschenden Reifen davonfährt. Die Partnerin würde mit Ungewissheit und der Angst zurückgelassen werden, dass er mit dem Auto verunglücken, sich etwas antun könnte, etc.

Handlungsanleitung

Langfristig ist potenziellen (Wiederholungs-) Tätern zu empfehlen, eine Therapie in Anspruch zu nehmen. In dieser werden sie mit der Tat konfrontiert und lernen, Verantwortung für ihr Verhalten zu übernehmen. Sie lernen außerdem, sich besser wahrzunehmen, Gefühle und Bedürfnisse zuzulassen, sich auszudrücken sowie sich gewaltfrei und angemessen durchzusetzen.

Wenn Alkohol im Spiel ist, dann gilt es, zunächst dieses Thema zu behandeln und in den Griff zu bekommen. „Wenn ich weiß, dass ich im alkoholisierten Stadium zuschlage, darf ich nichts trinken.“ Alkohol ist keine Entschuldigung.

Auch Opfer und Freunde können helfen

Frauen möchten die Meinungsverschiedenheit oder den Streit meist sofort klären. Das kann jedoch fatal sein. Denn wenn sich der Partner verbal nicht mehr wehren kann, ist er dem Gefühl der Hilflosigkeit ausgesetzt. Da dies für ihn nicht ertragbar ist, wünscht er sich Ruhe bzw. eine (deeskalierende) Auszeit. Um diese Auszeit zu erzwingen, schlägt er aus Hilflosigkeit zu. Damit hat er sein Ziel kurzfristig erreicht. Dieses wäre in den meisten Fällen jedoch ebenso erreicht worden, wenn er den Ort verlassen hätte dürfen.

Wenn die Frau daher merkt, dass die Situation eskalieren könnte und der Partner die Örtlichkeit verlassen möchte, ist es ratsam, sich ihm nicht in den Weg zu stellen. Erstes Ziel ist es, eine Gewalttat zu verhindern. Der offene Konflikt, die Meinungsverschiedenheit bzw. der Streit, kann zu einem späteren Zeitpunkt weiterbesprochen werden, wenn die Gemüter abgekühlt und beruhigt sind. Falls dies nicht möglich ist, ist eine Paarberatung und/oder -therapie zur Unterstützung anzuraten.

Handlungsanleitung
für Opfer (Frauen)

Wenn Gefahr einer Gewalthandlung besteht, fordern Sie den Täter auf zu gehen.

Wenn der Täter gehen will, versuchen Sie nicht, dies zu verhindern oder den Prozess hinauszuzögern. In puncto Kommunikation ist in diesem Fall weniger mehr. Wenn der Täter nicht gehen will, verlassen Sie selbst den Gefahrenbereich.

Suchen Sie eine Vertrauensperson und bitten Sie um Hilfe – im Notfall nehmen Sie Kontakt mit Opferschutzeinrichtungen, Polizei oder Rettung auf.

Handlungsanleitung
für Freunde und Familie des Täters

Wenn ein Mann wutentbrannt seine Wohnung verlassen hat und bei Ihnen Hilfe sucht, gewähren Sie ihm „Unterschlupf". Es kann hilfreich sein, wenn der Mann im Notfall bei Ihnen verweilen oder übernachten darf, bis sich die Gemüter wieder beruhigt haben und er wieder nach Hause zurückkehren kann.

Alles, was die Situation anheizt, ist kontraproduktiv. Beruhigen Sie!

Laden Sie ihn nicht auf ein Bier ein! Setzen

Sie sich mit ihm zusammen, aber verzichten Sie in dieser Situation auf Alkohol.

Körperliche Bewegung hilft, um Stress abzubauen. Unternehmen Sie mit dem „Täter“ einen Spaziergang. Gehen Sie dabei schneller als sonst, damit das Adrenalin wieder aus dem Körper entweicht. Auch Radfahren oder Schwimmen hilft.

Handlungsanleitung
für Freunde und Familie des Opfers

Hören Sie Hilferufe oder nehmen Sie Gegebenheiten wahr, die einen Verdacht auf Gewalthandlungen nahelegen, so ist in jedem Fall die Polizei zu verständigen. Kommt ein Opfer zu Ihnen, beruhigen Sie und bieten Sie Hilfe an.

Gehen Sie spazieren, trinken Sie eine Tasse Tee. (Keinen Alkohol!)

Vermeiden Sie anfangs Vorschläge wie „Du

musst ihn anzeigen", „Du musst ihn endlich zur Therapie schicken" oder „Du musst ihn verlassen."

Erst wenn sich die Situation wieder beruhigt hat, können diese Themen und Lösungen angesprochen werden. Antigewaltzentren, Beratungsstellen und Servicehotlines helfen mit weiteren Ratschlägen.

Nach Gewaltdelikten kann es lange dauern, bis es zu einer tatsächlichen Lösung bzw. Trennung kommt. Unterstützen Sie das Opfer in dieser Zeit. Beweisen Sie Ausdauer!

Gewalt unter Jugendlichen

„Die Jugend von heute wird immer gewalttätiger“, „ ... die brutalen Computerspiele und Filme sind schuld.“ „Durch die Medien stumpfen sie so sehr ab, dass sie ihre Grenzen nicht mehr kennen.“ Oft hören wir solche Erklärungen für Gewalt unter Jugendlichen. Es mögen auch einige von vielen Faktoren sein. Entscheidend ist jedoch auch hier die „kaputte Gefühlswelt“ der – hauptsächlich betroffenen männlichen – Jugend.

Es läuft nach einem ähnlichen Prinzip wie bei erwachsenen, gewalttätigen Männern ab. Bei einigen kommen entsprechende Faktoren einfach bereits früher zum Ausdruck. Das emotionale Fass ist voll, Hilflosigkeit, Ohnmacht, Ratlosigkeit und ein fehlendes verbales Durchsetzungsvermögen führen zu Gewaltausbrüchen. Wir sprechen hier nicht von der, unter Burschen üblichen, „Pausenranglerei“ oder geregelten Kampfsportarten wie Judo oder Karate. Hier geht es um aggressive Gesichtshiebe, Schläge gegen die Geschlechtsteile anderer Jugendlicher, blutige Nasen oder Messerattacken.

Handlungsanleitung
für junge, potenzielle Täter

Wenn Sie Gefahr laufen, gewalttätig zu werden, verlassen Sie ehestmöglich die Gefahrenzone.

Betreiben Sie Sport, bewegen Sie sich in der frischen Luft, finden sie einen Ausgleich.

Raus aus der „coolen" Gruppe, suchen Sie sich jemanden zum Quatschen.

Verbessern Sie den Zugang zu Ihren Gefühlen!

Handlungsanleitung
für Opfer

Machen Sie den Täter auf sein Handeln aufmerksam: *Du tust mir weh!*

Weihen Sie Lehrer, Eltern, Bezugspersonen ein. Deren Aufgabe ist es, die Sache ernst zu nehmen, ein offenes Ohr für Sie zu haben und mit Ihnen gemeinsam das Problem zu klären.

Ein gemeinsames Auftreten gegenüber dem Täter und ständige Präsenz der Bezugspersonen kann eine weitere Eskalation verhindern.

Verteidigung ist okay, werden sie aber nicht selbst gewalttätig. Holen Sie keine Verstärkung für eine Rache- oder Gegenaktion.

Handlungsanleitung

für Freunde, Schulkollegen, Lehrer

Hören Sie Hilferufe oder nehmen Sie Gegebenheiten wahr, die einen Verdacht auf Gewalthandlungen nahelegen, so ist in jedem Fall die Polizei zu verständigen.

Auch Streitschlichter, die Zivilcourage zeigen und sich zwischen einen Kampf stellen, werden Opfer von Gewalt. Wenn der Täter stärker ist oder Gefahr besteht, dass Sie selbst verletzt werden, rufen Sie professionelle Hilfe (Polizei).

Bei Kindern ist ein „Dazwischengehen" dagegen durchaus hilfreich.

Gewaltprävention

Vielen Tätern sind ihre Handlungen und deren Folgen nicht bewusst. Umso wichtiger ist es, Jugendliche über die Konsequenzen einer Gewalthandlung und den Ernst der Lage zu informieren. Vor dem Gesetz bleibt eine Gewalttat eine Gewalttat. Vorstrafen, Schmerzensgeld, Rentenzahlung und Probleme bei der Jobsuche können die Folgen sein. Vielen ist nicht bewusst, dass auch ein Schubs schwerwiegende Folgen nach sich ziehen kann.

Gewalt ist kein Kavaliersdelikt. Jugendliche sollen wissen, welche seelischen, oft nicht sichtbaren Verletzungen Gewalt verursacht.

Vorsicht Rückfall! Viele Täter schwören: „Ich mache das sowieso nie wieder." In der folgenden Krisensituation kann aber erneut Hilflosigkeit entstehen und es wird erneut Gewalt angewendet. Um die rettenden Alternativen kennenzulernen, ist eine intensive Therapie nötig. Täter bekommen das Problem aus eigener Kraft kaum in den Griff.

Verbale Gewalt

Worte können genauso
verletzen wie Schläge

Robert Karbiner

Verbale Gewalt hat viele Gesichter, ist nicht immer offen sichtbar oder als gesetzeswidrige Handlung definiert und kommt leider sehr häufig vor. Sie beginnt mit Beschimpfungen, Bloßstellungen, Einschüchterungen und endet mit Mobbing. Opfer fühlen sich danach schwach, gekränkt, abgewertet.
Das führt zu Streit, Eskalation und Konflikten. In manchen Fällen nehmen die Opfer auch die Täterrolle ein und greifen zum Gegenangriff: "Schau dich an, du verschießt auch jeden zweiten Ball !" Oder sie lassen ihren Frust an schwächeren Mitschülern oder Kollegen aus. Zum Beispiel: "Was ist denn das für ein Käse, den du da heute wieder gekocht hast?" "Na, das riecht ja super heute, das

Essen." "Und das soll ich essen?" "Wie schaut's denn da aus?" "Was fährst du mit dem Auto für einen Scheiß zusammen".
Äußerungen wie diese werden bereits unter "verbale Gewalt" eingestuft. Es können auch Sätze sein, die in der Ausdrucksweise vielleicht noch korrekt sind, aber durch den gewählten Tonfall zu einer Abwertung führen. Beispielsweise wertet ein Kunde einen Verkäufer ab, indem er ihn verbal attackiert: "Was soll das? Was lassen Sie mich da warten?" "Was stehen Sie da herum? Suchen Sie mir das!"

Handlungsanleitung
für Opfer

Sie können sich wehren, indem Sie den Täter auf sein Handeln ansprechen: *Das, was du hier sagst, tut mir weh. Bitte höre auf damit!*

Damit sagen Sie auf "elegante" Weise: "Du bist ein Täter!" Die häufig folgende "Totenstille" wird dem Täter sehr unangenehm sein und in den meisten Fällen weitere verbale Angriffe unterbinden.

Reagieren Sie nur so, wenn sie wirklich verletzt wurden, bzw. Ihnen der verbale Angriff wirklich wehgetan hat. Bei der Beschreibung Ihrer Gefühle geht es um Echtheit. Sie beschreiben, wie es Ihnen geht und was Sie sich vom Gegenüber wünschen. Weitere Handlungsanleitungen gibt es im Kapitel "Kritik und Mitarbeitermotivation" (S. 139).

Handlungsanleitung
Gesunde Streitkultur

In einem Streitgespräch ist es wichtig, respektvoll und partnerschaftlich miteinander umzugehen. Deshalb sollten Sie den anderen ausreden lassen, auch wenn es schwer fällt.

Sprechen Sie in der Ich-Form. So können Sie Ihrem Gegenüber die eigene Situation bewusst machen. Zum Beispiel:
Ich bin traurig, weil ...
Mich verletzt es sehr, wenn du unsere Verabredungen nicht einhältst.

Wenn der andere spricht, sollten Sie seine Worte nicht mit abfälligen Gesten begleiten (zum Beispiel Augenrollen).

Formulieren Sie Wünsche.
Ich wünsche mir, dass du dir mehr Zeit für mein Anliegen nimmst ...

Vermeiden Sie Vorhaltungen, Abwertungen, Kränkungen, Unterstellungen, Grobheiten und Beleidigungen. Auch auf Reizwörter, die sich oft in einer Beziehungsgeschichte entwickelt haben, sollten Sie verzichten.

Vermeiden Sie Verallgemeinerungen, indem Sie Wörter wie „immer", „ständig" und „nie" aus Ihrem Streitgespräch-Wortschatz streichen. Nennen Sie stattdessen konkrete Beispiele, beziehen Sie sich stets auf die Situation.

Statt „Du bist immer zu spät!":
Ich musste gestern 25 Minuten lang im Restaurant auf dich warten. Vergangenen Freitag hast du meinen Vater um eine Stunde versetzt ...

Bleiben Sie beim Thema! Beginnen Sie nicht, die Vergangenheit auf ähnliche Situationen abzuklopfen und diese in das Streitgespräch einzubringen.

Wenn Gefahr besteht, dass der Streit eskaliert, verlassen Sie den Ort. Informieren Sie den Streitpartner über Ihr Vorhaben. Sagen Sie, dass Sie gehen, wohin Sie gehen und wann Sie wieder zurückkommen.

Auch wenn es schwer fällt, sollen Sie im Gespräch ernsthaft versuchen, die Position des Gegenübers einzunehmen und dies auch artikulieren.
Ich weiß, dass es dir schwer fällt ...

Lassen Sie Wertschätzung in den Streit mit einfließen. Auch während eines Streites kann man deeskalierend agieren.
Dass du mit den Kindern im Tierpark warst, hat mich sehr gefreut. Enttäuscht und traurig macht mich ...

Zeigen Sie Kompromissbereitschaft. Ein gemeinsamer Erfolg ist ein Erfolg.

Handlungsanleitung
Wiedergutmachung

Übernehmen Sie Verantwortung für das, was Sie getan haben. Zum Beispiel:
Es tut mir leid, dass ich deine Kochkünste abgewertet und dich damit gekränkt und verletzt habe.

Versuchen Sie dabei nicht, die Verantwortung Ihrer Tat mit Phrasen wie "Es ist mir herausgerutscht" abzuschieben. Fakt ist, dass Ihnen nichts (passiv) passiert ist, Sie nicht verleitet oder getrieben wurden, sondern dass Sie etwas getan haben. Diese Regel gilt nicht nur bei verbalen Angriffen, sondern bei jeder Art von Entschuldigungen.

Bieten Sie eine Wiedergutmachung an. Damit nicht der Eindruck entsteht, Sie wollen sich von Ihrer Tat freikaufen, sollten Sie den Partner über die Art und Weise der Wiedergutmachung entscheiden lassen.
Kann ich etwas Gutes für dich tun?
Das macht natürlich das, was ich gesagt habe, nicht wieder gut.

Entschuldigungen und Verantwortung

Johannes sitzt im Kaffeehaus und blickt nervös auf seine Uhr. Seit zwanzig Minuten wartet er auf einen wichtigen Geschäftspartner, doch dieser will einfach nicht auftauchen. Nach weiteren zehn Minuten, Johannes wollte gerade gehen, kommt dieser endlich die Tür hereingestolpert und sagt: "Entschuldigen Sie die Verspätung."

Richtiges Entschuldigen will gelernt sein. Im angeführten Beispiel ist Johannes das wartende Opfer. Der zu spät kommende „Täter" fordert ihn durch die Floskel "Entschuldigen Sie die Verspätung" auf, sein Verhalten zu entschuldigen. Würde Johannes einwilligen, wäre er bereits zum zweiten Mal das Opfer.

Denn zuerst musste er warten und dann noch die Schuld auf sich nehmen bzw. anders ausgedrückt "ent-schuldigen". Wenn einen die Bank "entschuldet", dann erlässt sie einem die Schulden. Genauso ist es beim Menschen.

Eigentlich muss der „Täter“ die Verantwortung für sein Handeln übernehmen und den ersten Schritt machen. Dies schafft er, indem er in "Ich"-Sätzen von sich selbst und seinen Gefühlen spricht. Das Opfer wird dadurch nicht hineingezogen. Es mag ein kleiner Unterschied in der Wortwahl sein, aber ein sehr wichtiger.

Handlungsanleitung
Entschuldigen

Sprechen Sie bei Entschuldigungen immer von sich selbst und Ihren Gefühlen. Versuchen Sie nicht, Ihre Tat beim Opfer abzuladen.

Es tut mir leid.
Das ist mir jetzt peinlich.
Ich habe mich verspätet, wie kann ich das wiedergutmachen?

Versuchen Sie nicht, Ihre Tat beim Opfer abzuladen oder mit Ausreden zu argumentieren. ("Ich habe die Zeit übersehen.“ „Mir ist die U-Bahn davongefahren“ ...)

Sebastian streift beim Ausparken ein angrenzendes Fahrzeug. "Das darf doch nicht wahr sein. Wie kann mir so etwas passieren? Was steht der da überhaupt so blöd da?", denkt sich Sebastian und überlegt, ob und wie er das dem geschädigten Fahrzeugbesitzer bzw. seiner Versicherung erklären soll.

Im angeführten Beispiel macht Sebastian einen Fehler. Er beschädigt ein Auto. Natürlich war es keine Absicht. Vielleicht war er im Stress, die Sicht schlecht oder er war durch etwas abgelenkt. Es mag viele Gründe geben, die jedoch nichts an Sebastians Tat ändern. Dennoch versucht Sebastian, nach Sekunden der Reue, sich aus der Verantwortung zu stehlen. Auf einmal ist ihm seine Tat "passiert", der andere bzw. etwas anderes ist plötzlich Schuld ...

Unsere Kultur schiebt gerne die Verantwortung ab. "Wir sind nicht bei Rot über die Kreuzung gefahren, sondern es ist uns passiert, dass wir bei Rot über die Kreuzung gefahren sind." Fakt bleibt aber, dass wir es getan haben und uns unsere Fehler eingestehen sollten.

Im Leben geht es nicht darum, keine Fehler zu machen. Sie helfen uns zukünftig, in ähnlichen Situationen besser zu reagieren (sich mehr Zeit lassen beim Ausparken ...). Wer seine Energie in eine ehrliche Beichte statt in faule Ausreden investiert, wird eine angenehmere (Gesprächs-) Basis bzw. Ausgangslage erzielen und leichter Konflikte/Probleme lösen können.

Handlungsanleitung
Verantwortung übernehmen

Gestehen Sie sich Fehler ein.

Ja, ich habe einen Fehler gemacht.

Beichten Sie Ihren Fehler. Sprechen Sie dabei den Leidtragenden in einer korrekten Form an.

Es tut mir sehr leid, ich habe soeben Ihren Spiegel heruntergefahren.
Ich habe nicht nachgedacht, als ich zu dir sagte, dass ...

Vermeiden Sie jede Art von Ausrede. Negativbeispiele sind:

Sie Wahnsinniger, wo haben Sie das Einparken/ Autofahren gelernt? Das sieht ja kein Mensch, dass hier Ihr Auto steht ...

Du hast mich provoziert. Da brauchst du dich nicht wundern, dass mir die Hand ausgerutscht ist.

Sprechen Sie bei der Beichte von Ihren Gefühlen.
Ich bin traurig ...
Mir ist das peinlich ...

Übernehmen Sie die Verantwortung für Ihr Handeln. (Unfallbericht, Versicherung, Polizei ...)

Zwei Arten der Gefühle

Reale (primäre) Gefühle

Es ist Nacht, es regnet stark, und die Fahrbahn ist rutschig. Manfred ist mit dem Auto zu schnell unterwegs. Das Auto beginnt etwas zu „schwimmen" und liegt nicht mehr sicher auf der Straße. Manfred bekommt Angst, bremst vorsichtig und fährt langsamer weiter, damit er sicher nach Hause kommt. In dieser Situation ist Angst ein reales und zugleich wichtiges Gefühl. Es lässt Manfred gesund ankommen.

Selbst erzeugte (sekundäre) Gefühle

Manfred wird sein neuer Chef vorgestellt. Je länger er seinen neuen Vorgesetzten mustert, desto überzeugter ist er, dass sie nicht gut miteinander auskommen werden. „Der mag mich nicht. Vielleicht hasst er mich sogar. Oder er glaubt, ich mache meine Arbeit nicht gut. Am Ende wird er mich sogar kündigen“, steigert sich Manfred in seine Gedanken hinein und bekommt es mit der Angst zu tun. Ein Gefühl kann auch durch die eigenen Gedanken konstruiert bzw. provoziert werden. Manfred hat dieses Gefühl nicht, sondern macht es sich. Er ist ein Angst-Produzent. Denn in dieser Situation hat diese Empfindung nichts mit der Realität zu tun, wird aber genauso wahrgenommen wie ein reales Gefühl. Der Mensch kann diese beiden Arten von Gefühlen nicht unterscheiden, außer er sieht sich den Prozess an, der dahinter steckt. Kommt das Gefühl von außen (reales Gefühl) oder durch eigene Gedanken?

Wie entsteht ein selbst erzeugtes Gefühl?

Hubert fährt auf der Autobahn nach Hause. Er ist fröhlich und singt im Radio seinen Lieblingssong mit. Da er sich in seinem Auto sicher fühlt und er auf der linken Spur mit der höchsterlaubten Geschwindigkeit unterwegs ist, glaubt Hubert, dass er pünktlich ankommt. Auf einmal wechselt ein Auto von der Mittelspur, ohne zu blinken, ebenfalls auf die Überholspur und zwingt Hubert abrupt zum Abbremsen. Er ärgert sich und flucht. Er ist wütend, zornig und knallt seine Faust auf die Hupe.

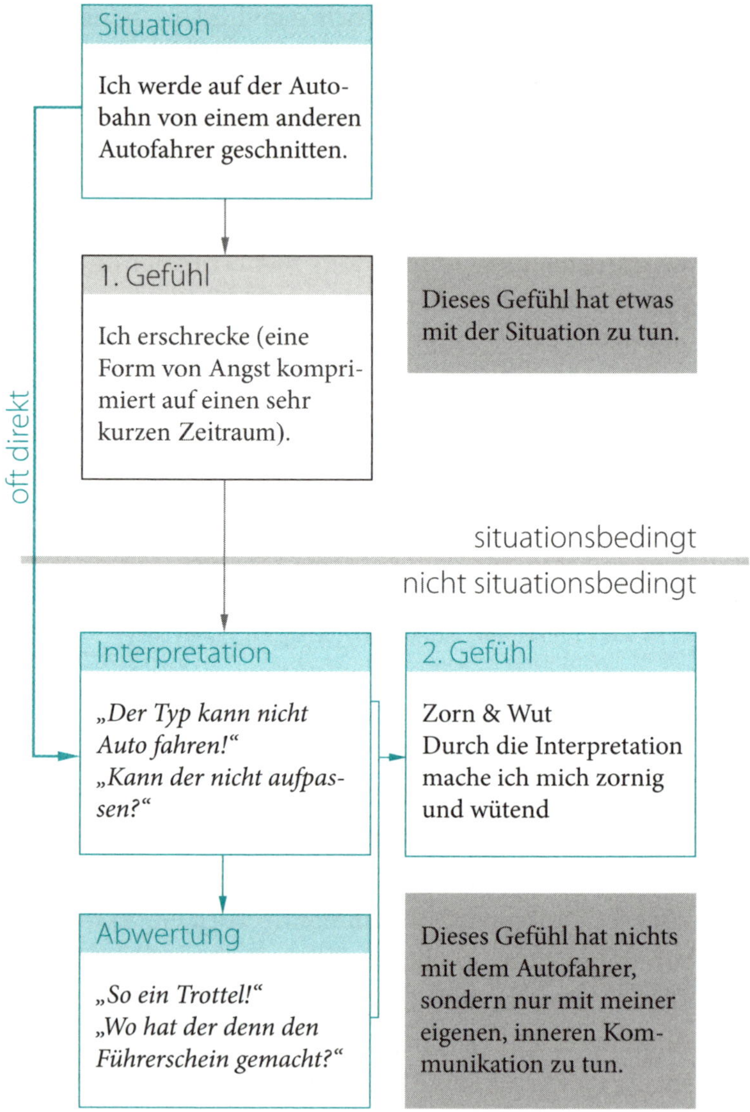
Situation
Ich werde auf der Autobahn von einem anderen Autofahrer geschnitten.
1. Gefühl
Ich erschrecke (eine Form von Angst komprimiert auf einen sehr kurzen Zeitraum).
Dieses Gefühl hat etwas mit der Situation zu tun.
oft direkt
situationsbedingt
nicht situationsbedingt
Interpretation
„Der Typ kann nicht Auto fahren!“
„Kann der nicht aufpassen?“
2. Gefühl
Zorn & Wut
Durch die Interpretation mache ich mich zornig und wütend
Abwertung
„So ein Trottel!“
„Wo hat der denn den Führerschein gemacht?“
Dieses Gefühl hat nichts mit dem Autofahrer, sondern nur mit meiner eigenen, inneren Kommunikation zu tun.

Eigentlich war Hubert nicht wütend oder zornig, sondern ist erschrocken, hatte Angst vor einem Unfall und davor, dass er zu spät nach Hause kommt. Er war enttäuscht über den rücksichtslosen Autofahrer, traurig über den sinnlosen Zeitverlust und fühlte sich hilflos, da er nicht überholen konnte. Er hat jedoch nur seine Wut (selbst erzeugtes Gefühl!) und nicht seine realen Gefühle wie Angst oder Hilflosigkeit zum Ausdruck gebracht.

Speziell Hilflosigkeit ist häufig dafür verantwortlich, dass wir unsere tiefen Gefühle nicht wahrnehmen wollen/können und dadurch in vielen Situationen wütend und verärgert reagieren.

Warum ist er wütend und nicht ängstlich?

Huberts Gedanke springt sofort zur Interpretation, dann zur Abwertung und schließlich zum sekundären (derivaten) Gefühl. Denn das sekundäre Gefühl, das eigentlich nichts mit der Situation zu tun hat, ersetzt das primäre (originäre). Im oberen Beispiel decken Wut und Zorn die primären Gefühle (Angst, Hilflosigkeit …) komplett zu. Wir nehmen diese Gefühle auch gerne an. Schließlich werden Zorn und Wut in unserer „Männerkultur“ toleriert, Angst und Hilflosigkeit weniger.

Wenn wir uns dieser Tatsache jedoch bewusst sind, können wir uns auf die originären Gefühle konzentrieren. Es kommt zu keinen Wutausbrüchen. Speziell Männer, die während eines unkontrollierbaren Wutanfalles oder aufgrund von Hilflosigkeit zu Gewalt neigen, hilft dieses Wissen. Sie können sich wieder auf ihre Ursprungsgefühle konzentrieren (Gefühlsparameter).

Kennen und Können

Bei den Gefühlen ist es wie im Sport: Um das Wissen über die eigenen Gefühle auch anwenden zu können, sollten die Gefühlsparameter regelmäßig trainiert werden. Im Fitnessstudio reicht es auch nicht, zu wissen, wie man ein schweres Gewicht stemmt. Ohne regelmäßiges Training kommen wir schnell „ins Schwitzen“.

Keine Lust auf Gefühle?

Männer, die bei Wutausbrüchen mit Gewalt reagieren, sehen oft keine Alternative zu ihrem

Handeln. Durch das Wissen über ihre Gefühle, haben sie eine zweite Wahl. Das ist der Vorteil. Ob sie dieses Wissen nun anwenden oder nicht, bleibt ihnen aber selbst überlassen.

Handlungsanleitung

Bestimmen Sie mehrmals täglich Ihre Gefühlsparameter. Verwenden Sie dazu als Muster die Tabelle aus dem Buch (S. 18).

Versuchen Sie, Ihre Selbstliebe zu stärken, indem Sie mehrmals täglich Ihr Spiegelbild ansehen und sagen: „Ich mag/liebe mich“. Wenn Sie sich durch diese Übung ausreichend mögen, sind Sie weniger von der Liebe der anderen abhängig.

Ein Beispiel:
Ein Kollege sagt: „Wenn du das nicht machst, dann mag ich dich nicht mehr.“ Sie werden diesem Wunsch eher nachgehen, wenn Sie sich selbst nicht sehr mögen. Denn dadurch mag Sie wenigstens der Kollege.

Liebe ist jedoch bekanntermaßen Kind der Freiheit. Sie kann sich nur entwickeln, wenn wir in Freiheit agieren und nicht aus der Not heraus. „Damit du mich weiterhin magst, werde ich alles tun, um dir zu gefallen", ist der falsche Ansatz. Wenn ich mich selbst auch mag, dann werde ich auch meine Interessen vertreten. Natürlich schließt das nicht aus, dass man aus Liebe heraus jemandem eine Freude bereitet und damit auch sich selbst.

Tiefe Gefühle verschwinden nicht von alleine, außer sie werden lange genug beweint bzw. betrauert. Das bewusste Erleben lässt sie zur Ruhe kommen.

In Stresssituationen reicht es bereits, die eigenen Gefühle bewusst wahrzunehmen. Damit können Sie sich beruhigen und innerlich einen Gang herunterschalten. Fragen Sie sich: *Wie fühle ich mich?*

Wie zeigt der Körper Gefühle?

Will man Gefühle erdenken oder lebt man Gefühle nicht, kann dies Kopfschmerzen und Migräne verursachen. Natürlich sollte man bei Kopfschmerzen zuerst die medizinischen Ursachen abklären lassen.

Ist ein Mensch traurig oder verzweifelt und wehrt sich gegen diese Gefühle, kann er dadurch erschöpft und energielos werden.

Bei Gefühlen, wie beispielsweise Angst, verspannen sich häufig die Schultern, manche Menschen bekommen Magenbeschwerden.
Bei Freude und Glück bekommen viele Menschen strahlende Augen und machen eher einen offenen Eindruck auf andere Menschen. Wer verliebt ist, spürt ein Bauchkribbeln („Schmetterlinge im Bauch").
Bei Traurigkeit bilden sich oft Tränen in den Augen. Der Blick ist eher nach innen gewendet. Der Traurige wirkt teilweise verschlossen gegenüber den Mitmenschen.

Handlungsanleitung

Setzen Sie sich nicht gegen Gefühle zur Wehr!

Nehmen Sie sich Zeit, um sich selbst besser kennenzulernen. Dadurch werden Sie selbstbewusster! Fragen Sie nach den eigenen Gefühlsparametern. Bin ich fröhlich oder traurig? Bin ich ... ? Stellen Sie sich dann folgende Fragen:

Wie spüre ich dieses Gefühl in meinem Körper?
Wo spüre ich dieses Gefühl?

Gefühle und Gesundheit

Markus wandert in der freien Natur. Alle paar Minuten muss er niesen. „Das könnte eine Allergie sein", denkt sich Markus. Dennoch möchte er sich nicht testen lassen.
„Das bisschen Niesen halte ich schon aus. Bevor der Arzt noch viel mehr bemerkt, lass ich es lieber bleiben. Was ich nicht weiß, macht mich nicht heiß", lautet seine Einstellung.

Wie es Markus bei Allergien geht, so geht es vielen Männern in Bezug auf sämtliche Gesundheitskontrollen. Sie haben Angst, es könnten Krankheiten auftauchen und sie wollen vermeiden, dadurch traurig zu werden. Dennoch sollten sie sich dieser Angst aus mehreren Gründen stellen.

Erstens könnte auch etwas Positives dabei herauskommen. Keine Allergie, sondern nur ein leichter Schnupfen. Kein Hodenkrebs, sondern nur Pilzinfektion …

Zweitens könnte eine Krankheit im Alter schlimmer werden (Tumor …).
Drittens haben Sie, nachdem sie das Ergebnis wissen, die Möglichkeit, die Krankheit aktiv zu bekämpfen oder die Sicherheit, dass Sie gesund sind.

Männer haben nicht nur eine hohe Suizidrate, sie sind auch weniger gesundheitsbewusst und risikobereiter als Frauen. Kaum ein Mann geht zweimal im Jahr zur Zahnkontrolle oder ab 40 Jahren jährlich zum Urologen. Das liegt auch daran, dass das Gesundheitsbewusstsein noch immer abgewertet wird.

Was ist das für ein Weichei. Der trägt Gesundheitsschuhe.

Der läuft wegen jedem Furz zum Arzt.

Ich geh doch nicht zum Vogerldoktor! Ich bin doch nicht bescheuert!

Zum Urologen bringen mich freiwillig keine zehn Pferde!

Hilfe zur Selbsthilfe

Genetiker und Neurobiologen haben erkannt, dass sich Gefühle in Kopf und Körper widerspiegeln. Sie verändern den Hormonspiegel, aktivieren Nerven und beeinflussen die Erregungsleitung des Herzens.

Heilkunst

Jeder kann mithilfe seiner Gefühle zum Genesungsprozess bei Krankheiten beitragen, indem die Emotionen zum Ausdruck gebracht werden.

Prävention

Gefühle wollen gelebt werden. Will man tiefe Gefühle aber nicht zulassen, so lenkt man sich gerne ab (mit Glücksspielen, Risikosportarten, Drogen, Alkohol, Sex, …)

Interpretation

Ich habe das Gefühl, ich habe einen Tumor.

Dabei handelt es sich nicht um ein Gefühl, sondern um die Interpretation einer verdächtigen Hautstelle. Durch diese Interpretation löse ich aber ein sekundäres Gefühl aus (Angst, Panik ...).

Gedankenspirale

Rupert ist gesund und sieht im Fernsehen eine Dokumentation über Krebspatienten. Plötzlich „hat er das Gefühl", er könnte Krebs haben. Anders ausgedrückt: Rupert kommt der Gedanke, er könnte Krebs haben. Denn plötzliche Geistesblitze sind keine Gefühle, sondern Gedanken. Diese verursachen dann wieder Gefühle (Angst, Glück ...). Aber wie kommt es dazu? Der Mensch hat täglich rund 60.000 Gedanken. Diese kann er nicht alle kontrollieren. Dadurch kann es vorkommen, dass er sich durch Gedanken in eine Gefühlskrise stürzt. „Meine Frau betrügt mich." „Meine Firma wird in zehn Jahren finanziell bankrott sein!" „Keiner mag mich, ich bin hässlich, ich werde es nie zu etwas bringen."

Handlungsanleitung
Tipps für höhere Gesundheit

Allgemeine Tipps:
Versuchen Sie, sich eine positive innere Haltung anzueignen (Ich bin gesund!). Dazu ergänzend sollten Sie einen gesunden Lebensstil führen (gesunde Ernährung, Sport …).

(Regelmäßige) Gesundheitsuntersuchungen geben Sicherheit. Lassen Sie sich jährlich untersuchen.
Versuchen Sie nicht, alle gesundheitlichen Probleme über die Gedankenschiene zu regeln. Wenn Sie Schmerzen haben, suchen Sie einen Arzt auf!

Achten Sie auf Ihre Psychohygiene: Genauso wie man den Körper rein halten sollte, ist es auch ratsam, die Psychoebene sauber zu halten. Weinen oder lachen Sie, wenn Ihnen danach ist.

Umgang mit Stress

Weinen Sie, wenn Sie traurig sind. Wenn Sie ausreichend weinen, kann das ähnlich wie ein Antidepressivum wirken. Bei Verdacht auf Depression ist eine medizinische/psychotherapeutische/psychologische Abklärung anzuraten.

Gehen Sie Ihren Gefühlen nach. Wenn Sie beispielsweise Ihren Ärger oder Ihre Wut herausschreien wollen, sollten Sie sich dafür einen passenden Ort suchen, an dem Sie niemanden stören oder belästigen. Sie könnten beim Schreien leicht Ihre Umgebung irritieren und verunsichern. Ein Polster oder eine Matratze können hilfreich sein, wenn Sie sich abreagieren wollen.

Die Suche nach Gefühlen

Mit dem Leben ist es wie mit der Musik:
Beides muss statt nach Regeln mit Phantasie,
Gefühl und Instinkt komponiert werden.

Samuel Butler der Ältere

Sportler streben, wie andere Menschen auch, nach Erfolg und den damit verbundenen Gefühlen. Glück, Fröhlichkeit und Sicherheit sind häufig eine Motivation für die Ausübung ihrer Tätigkeit. Speziell bei Extremsportarten (Formel 1, Fallschirmspringen, Steilwandklettern) ist ihnen dieser „Kick" wichtig. Sie fangen ab diesem Punkt an, etwas wie zum Beispiel Angst zu spüren. Dahinter steckt die Idee: „Ich fühle, also bin ich."

Ein ähnliches Phänomen lässt sich bei Musikern, Künstlern, Kunstliebhabern oder Gourmets erkennen. Sie alle wollen erfolgreich und dadurch fröhlich, glücklich und stolz sein.

Ohne den Zugang zu den eigenen Gefühlen wird ein Profisportler oder ein Musiker seine Fähigkeiten nicht voll ausspielen können. Der Fußballprofi Cristiano Ronaldo weint beispielsweise, wenn er einen entscheidenden Elfmeterschuss vor Millionen von Zusehern vergeigt. Egal, ob erst in der Kabine oder vor laufender Kamera: Dadurch, dass er die Trauer (durch Weinen) zulässt, arbeitet er seine seelische Verletzung voll auf und kann sich beim nächsten Spiel wieder zu hundert Prozent auf seine neue Herausforderung konzentrieren. Er hängt dadurch nicht mehr an seiner letzten Fehlleistung.

Weitere Beispiele für Sportler, die ihren Gefühlen freien Lauf lassen, sind Michaela Dorfmeister, Diego Maradona …

Handlungsanleitung
für Musiker, Sportler, Künstler

Stellen Sie sich folgende Fragen, um motiviert zu bleiben oder wieder motiviert zu werden:

Welche Gefühle löst es in mir aus, wenn das Publikum lacht oder weint?

Welche Gefühle habe ich vor und nach einem Erfolgserlebnis? Zum Beispiel nach einem Marathon: Bin ich stolz auf mich, freue ich mich, dass ich das geschafft habe? Oder bin ich traurig und enttäuscht, weil ich nicht so gut/schnell/erfolgreich war, wie ich gehofft hatte.

Kritik und Mitarbeitermotivation

Gefühle sind im beruflichen Umfeld ständige Begleiter. Wenn Chefs oder Kollegen einen Mitarbeiter kränken, beleidigen oder abwerten, wird dieser Mitarbeiter daraufhin traurig, enttäuscht oder verzweifelt sein. Aber umgekehrt können nach einer Anerkennung (Gehaltserhöhung) oder beruflichem Aufstieg viel Freude, Glück oder Stolz aufkommen.

Ich habe bemerkt, dass Sie die Reklamation dieses schwierigen Kunden gemeistert haben. Das freut mich sehr. Er ist uns dadurch erhalten geblieben. Gratuliere! Gut gemacht!

Danke, dass Sie kurzfristig für die kranke Kollegin eingesprungen sind. Das freut mich. Danke für Ihre Einsatzbereitschaft.

Es freut mich, dass Sie am Abend die offene Geschäftstüre bemerkt und abgeschlossen haben. Gar nicht auszudenken, was passieren hätte können. Es gibt mir Sicherheit, dass Sie mitdenken.

Viele Vorgesetzte können zwischen Kritik und Abwertung nicht unterscheiden und verletzen die Gefühle ihrer Mitarbeiter. Diese legen sich dann manchmal quer. „Weil du böse zu mir warst, helfe ich dir jetzt nicht aus der Patsche." Diese versteckten Konflikte gilt es zu finden und zu lösen!

Abwertung

Sie sind für diese Aufgabe zu dumm!
Sie sind unfähig, inkompetent, nutzlos ...

Kritik

Ihre Arbeit ist noch nicht ausgereift. Es fehlt Folgendes ...
Ihr Vorgehen war falsch, weil ... In Zukunft machen Sie es bitte so.

Mitarbeiter, die ihrer Aufgabe vorerst nicht gewachsen sind, können ihre Gefühle (auch) zu Hause verarbeiten. Es heißt ja nicht: Nur weil es beruflich ist, darf es mich emotional nicht berühren.

Handlungsanleitung
für Chefs

Situation: Ein Mitarbeiter ist schwer (gefühlsmäßig oder psychisch) angeschlagen. Eigentlich steht ihm Krankenstand zu.

Ihre Aufgabe als Chef ist es, feinfühlig die Dimension der Krankheit zu erkennen. Ist Ihr Mitarbeiter wegen eines Autokratzers traurig, ist das Haus abgebrannt oder die Mutter gestorben? Zeigen Sie in allen Fällen Mitgefühl, lassen Sie Spielraum zu und motivieren Sie den Mitarbeiter nach folgendem Muster:

Ich höre/sehe, dass sie traurig sind. Das ist in Ordnung. Ich würde empfehlen, dass …
oder
Toll, dass sie trotzdem da sind. Machen Sie so viel Sie können. Wenn es nicht mehr geht, dann gehen Sie einfach nach Hause und erholen Sie sich.

Aufmunterungen wie diese motivieren den Mitarbeiter und verbessern das Betriebsklima. Der Mitarbeiter wird es Ihnen (zu einem späteren Zeitpunkt einmal) danken.

Wie erkenne ich die Gefühle des Gegenübers?

Vorsicht, das ist ein heikles Kapitel und selbst in langjährigen Beziehungen ein kniffliges Thema: Die Gefühle des Gegenübers aufgrund von Mimik oder Gestik zu erkennen, ist oft nicht nur sehr schwer, sondern manchmal schlicht unmöglich. Wir Menschen sind keine Hellseher.

Außerdem entsteht schnell die Gefahr, dass wir durch Interpretationen in die Falle der Unterstellung tappen. Fazit: Wir sind meist darauf angewiesen, dass uns das Gegenüber mitteilt, wie es ihm geht. Oder wir fragen einfach nach!

Handlungsanleitung
Empathie

Vorsicht vor Sätzen wie:
Ich weiß eh was du hast. Du bist …

Jetzt sind wir 30 Jahre verheiratet, du hättest merken müssen, dass es mir nicht gut geht …
Immer wieder machst du das, obwohl du genau weißt, dass ich ...
Immer wieder machen Sie denselben Fehler.

Besser wäre die Frage/Aussage:

Wie geht es dir? Kann ich etwas für dich tun?
Das, was du sagst, berührt mich.
Das, was du sagst, macht mich traurig/unsicher/fröhlich/stolz ...

Beschreiben Sie den Eindruck von außen:

Du machst einen traurigen Eindruck auf mich.
Deine Augen glänzen vor Freude.

Dadurch kann Ihr Gegenüber Ihren Eindruck bestätigen oder berichtigen.

Nein, mich blendet nur die Sonne.
Nein, ich habe eine Augenentzündung!

Lappalien, Streit und Gefühle

Sarah und Georg haben sich gestritten, weil Georg erneut zu spät nach Hause gekommen ist. Sarah hatte den Tisch schön gedeckt und ein romantisches Abendessen vorbereitet. Als Georg nach Hause kam, war die Stimmung kaputt. Nach kurzer Zeit versöhnen sich die beiden wieder.
„Kein Grund, lange zu streiten. Schließlich ist er nicht absichtlich zu spät gekommen und in Wahrheit handelt es sich ja um eine Lappalie“, denkt sich Sarah. Sie hat Georg auch verziehen, ist aber dennoch den ganzen restlichen Abend traurig. „Was ist los mit dir?“, fragt Georg. „Wir haben die Sache doch ausgeredet?“

Der Grund ist, dass der Heilungsprozess der Seele oft länger dauert, als es unserem „Verstand“ recht ist. Wenn Georg seiner Freundin Sarah unabsichtlich auf die Zehen gestiegen wäre, dann hätte sie ihm das wahrscheinlich ebenso schnell verziehen. Die Zehe hätte aber trotzdem noch eine Weile geschmerzt.

Wie bei körperlichen Wunden dauert es eben auch bei seelischen Verletzungen eine Weile, bis die Wunde verheilt ist. „Täter“ Georg hätte sein „Zehensteigen“ vielleicht auch als „Lappalie“ bewertet. Sarah hätte ihm vielleicht recht gegeben. („Das dürfte mir jetzt eigentlich nichts tun.“) Fakt ist, dass die Zehe aber noch schmerzt. Lappalien gibt es bei seelischen Verletzungen nicht. „Der Fuß ist auch nicht ein ‚bisschen' gebrochen“.

Handlungsanleitung

Reden Sie mit Ihrem Partner über Ihre Gefühle.

Ich habe dir verziehen, bin aber immer noch traurig. Ich bin ängstlich, dass es wieder passiert ...

Manche Menschen gehen nach Konflikten auf Abstand, damit die seelische Verletzung wieder verheilen kann. Akzeptieren Sie dieses Verhalten und bewerten Sie es nicht.

Finden Sie nach einem Streit Kompromisse.

Versuchen Sie herauszufinden, was Sie selbst brauchen und was der Partner braucht.

Beispiel: Wenn der Partner Nähe braucht, Sie diese Nähe in der Situation aber nicht geben können, dann starten Sie keine Experimente. (Hohes Konfliktpotenzial!)

Gefühlvolle Erinnerungen

David war dabei, als seine Großmutter im Krankenhaus starb. Er weiß noch genau, dass die Schuhbänder des Pfarrers offen waren oder dass der Rosenkranz am Nachtkästchen ein Kreuz hatte, das aus einer Kokosnussschale geschnitzt war. Er weiß noch genau, wie seine weinende Mutter die Krankenschwester um ein Taschentuch fragte und eine Spinne das Heizungsrohr herunterrutschte. Er weiß noch jedes Detail, jeden Gedanken, jedes Kleidungsstück. Davids Großmutter ist vor 17 Jahren gestorben.

Wieso hat sich David diese vielen Kleinigkeiten so viele Jahre gemerkt? Antwort: Weil damals intensive, tiefe Gefühle mitgemischt haben. Es ist möglich, dass bis heute noch eine seelische Verletzung/Wunde offen und der Heilungsprozess noch nicht abgeschlossen ist.

Aber auch wenn hohe Gefühle mitmischen, merken wir uns Ereignisse besser. Das liegt daran, dass sich in solchen Fällen Gedanken mit Gefühlen verknüpfen und dadurch beide Gehirnhälften aktiv sind. Wenn einen etwas nur interessiert, aber emotional nicht berührt, dann wird es sich nur schwer im Gedächtnis einspeichern.

Handlungsanleitung
für ein effektiveres Lernen

Verbessern Sie Ihre Merkfähigkeit, indem Sie neue Informationen mit Bildern und Emotionen verbinden.

Wenn Sie beispielsweise Geschichte lernen, dann bringen Sie die Geschehnisse mit persönlichen Geschichten in Verbindung. „Da war der Großvater im 2. Weltkrieg auch stationiert. Er erzählte damals von …"

Wenn Sie eine Sprache lernen, dann verbinden Sie die Vokabel mit eigenen Gefühlen. Zum Beispiel:

Thema: Auto
Wo bin ich gefahren?
Welches war mein erstes Auto?
Wo war meine erste Fahrt?

Wo und was war mein erster Kratzer?
Wie war das Gefühl nach der bestandenen Führerscheinprüfung?

Thema: Urlaub
Wo war ich auf Urlaub?
Wie war das Wetter?

Thema: Berg
Welches Gefühl hatte ich beim Gipfelkreuz?
Freude?
Stolz?

Thema: Grab
Wer ist zuletzt gestorben?
Wie ging es mir dabei? War ich traurig?

Wenn Sie Geografie lernen, verbinden Sie die Länder mit Gefühlen.
Wo war ich auf Urlaub?
Welche Filme habe ich gesehen, die an diesem Ort spielten?
Welche Naturkatastrophen, Kriege, Sportereignisse waren dort?

Werbung lebt von Gefühlen

Es gibt nur wenige,
die mit ihren eigenen
Augen sehen und mit
ihren eigenen Herzen
fühlen.

Albert Einstein

Die Aufgabe von Werbepsychologen ist es, bei Menschen Gefühle zu erzeugen.

Ihre Botschaften lauten: „Wenn Sie das Superauto, das neue Parfum oder Pralinen kaufen, sind Sie fröhlich, glücklich, sicher, werden von anderen Menschen begehrt, andere finden Sie attraktiv, beneidenswert ..."
Oder: „Wenn Sie das Superauto, den neuen Rasierer oder das Anti-Haarausfall-Shampoo kaufen, sind Sie auf der sicheren Seite."

Beispiele für werbewirksame Gefühle:

Sicherheit
Verschiedene Automarken stehen für Sicherheit. Sie haben sich mit ihrer Werbung über viele Jahre dieses Image aufgebaut.

Neid/ Freude
Teure Automarken erzeugen Neid. Das freut so manchen Besitzer.

Gefühl
Eine österreichische Energydrink-Marke steht für Freiheit. Sie wirbt mit außergewöhnlichen Extremsportarten, mit dem Kick, der Gefühle hervorruft.

Sicherheit, Glück
Lebensmittel-Gütesiegel werben mit Gesundheit (also ein glückliches langes Leben) und Genuss.

Viele Menschen begeistern Sportübertragungen. Sie durchleben beim Zusehen und Mitfiebern sämtliche Gefühle. Ein Beispiel: Sie freuen sich, wenn eine Fußballmannschaft gewinnt, sie sind traurig und enttäuscht, wenn sie nicht gewinnt, sie sind hoffnungsvoll, dass sie gewinnt, sie sind verzweifelt und hilflos, wenn sie nicht gut spielt.

Handlungsanleitung

Werbung durchschauen

Beobachten Sie sich während der Werbeblöcke im Fernsehen:
Werden Ihre Gefühle angesprochen?
Wann?
Welche?

Stellen Sie sich folgende Fragen:
Was lösen sie aus?
Was ist der Impuls?
Welche Handlungen setzte ich?

Durch diese Übung werden Sie sich bewusster, was welche Werbung in Ihnen auslöst.

Warum habe ich diese Sonnenbrille gekauft? Welches Gefühl löst es in mir aus, wenn ich sie trage?
Warum habe ich diese Küche gekauft? Welches Gefühl löst es aus, wenn ich in ihr koche oder wenn Besuch kommt (Eltern, Freunde ...)?
Warum habe ich dieses Auto? ... Handy?
Warum verbinde ich es mit Sicherheit?

„Das ist mir jetzt peinlich“

Um Gefühle zu lenken,
darfst du nichts denken.

Kai Masopust

Josef ist aktives Mitglied in einer Musikkapelle. Jeden Freitagabend findet eine Probe statt. Josef musiziert sehr gerne und doch belastet ihn dieser Abendtermin. Bereits am Freitag morgen muss er an die Probe denken.
„Hoffentlich komme ich nicht zu spät! Hoffentlich merken die anderen nicht, dass ich nichts geübt habe! Hoffentlich verspiele ich mich nicht!“

Woche für Woche hat Josef die gleichen Gedanken. Wie vorprogrammiert. Josef möchte diese „nervenden“ Gedanken, oder besser gesagt, das Gefühl, das dahinter steckt, abstellen oder zumindest verändern. Leider funktioniert das nicht so einfach. Gefühle kann man leider nicht verändern, außer man akzeptiert sie, bringt sie zum Ausdruck oder stellt sich ihnen ganz bewusst. Dazu muss sich Josef jedoch genauer ansehen, welches Gefühl er hat. (Gefühlsparameter) Josef hat „Angst“. Jetzt gehen wir noch weiter ins Detail: Vor was oder vor wem hat er Angst? Vor dem Kapellmeister? Vor einer Bloßstellung? Vor anderen Gefühlen wie Scham oder Peinlichkeit?

Hat Josef beispielsweise Angst vor Peinlichkeit und will diese in den Griff bekommen, muss er auf dieses Gefühl zugehen und es in den Mittelpunkt rücken. Denn wenn er nicht mehr mit allen Mitteln versucht, Peinlichkeit zu vermeiden, reagiert er in unangenehmen Situationen künftig gelassener. Mit der Zeit verliert die Peinlichkeit an Gewicht.

Handlungsanleitung
Peinliche Situationen besser meistern

Bringen Sie sich bewusst in eine Situation, vor der Sie Angst haben oder die Ihnen peinlich ist.
Ein Beispiel: Bei einer Veranstaltung in die erste Reihe setzen. Beim Einkaufen Wünsche exakt formulieren. Im Beruf einmal nicht top gekleidet unterwegs sein. (Josef könnte gezielt zu spät in die Probe kommen.)

Wenn Ihnen dieser Vorschlag nicht zusagt, können Sie auch warten, bis Sie ungewollt in eine peinliche Situation geraten (etwa wenn Ihnen der Name von Gesprächspartnern entfällt, Sie Kaffee beim Meeting verschütten …).

Bringen Sie dann Ihr Gefühl zum Ausdruck. Sagen Sie zu sich selbst oder auch zu jenen Menschen, die an der Situation beteiligt sind: *Das ist mir peinlich.*

Sie werden sehen, dass nach kurzer Zeit wieder Alltag einkehrt. Nach der Peinlichkeit geht es ruckzuck wieder weiter.

Beispiel eines Vortragenden

Idealfall

1. Redner verspricht sich.
2. Redner gesteht sein Gefühl:
   Das ist mir jetzt peinlich!
3. Publikum lächelt.
4. Vortrag geht weiter.

Problemfall

1) Redner verspricht sich.
2) Redner versucht Situation zu überspielen.
3) Publikum bemerkt Peinlichkeit.
4) Redner versucht sicher zu sein, obwohl er es nicht mehr ist.
5) Redner ist nicht mehr authentisch und kommt unter Stress.

Handlungsanleitung

Akutsituation

Sie denken immer an das Gleiche, zum Beispiel: „Heute Abend ist Probe! Heute Abend ist Probe!“, und kommen aus dieser Gedankenspirale nicht mehr heraus. Indem Sie den Körper ablenken, können Sie Ihre Gedanken stoppen.

Wenn es medizinisch kein Problem darstellt, duschen Sie sich zuerst warm, dann kühl und dann so kalt wie möglich ab. Beginnen Sie bei den Füßen und arbeiten Sie sich aufwärts und danach wieder abwärts. Vom linken Fuß zum rechten Fuß, danach zum linken und zum rechten Arm, über Bauch, Gesicht, Haare und umgekehrt.

Wenn Sie gerade keine Möglichkeit zum Duschen haben, dann waschen Sie sich eiskalt Ihre Hände oder Ihr Gesicht.

Um aus der Gedankenspirale herauszukommen, können Sie auch andere Methoden ausprobieren, die den Gedankenfluss wieder anregen. Zum Beispiel: langsames Joggen, im Tagebuch alle Gedanken aufschreiben …

Nicht was wir erleben,
sondern wie wir empfinden,
was wir erleben,
macht unser Schicksal aus.

Marie von Ebner-Eschenbach

Robert Karbiner

Robert Karbiner ist seit 20 Jahren im psychosozialen Bereich tätig und leitet seit 13 Jahren seine eigene Praxis in Linz.

Zu seinen Spezialgebieten in seiner Tätigkeit als Psychotherapeut, Supervisor, Coach, Anti-Gewalt-Pädagoge, Trainer, Lebens- und Sozialberater gehören Beziehungsprobleme, Gewalt gegenüber Partnern und Kindern sowie Opfer nach sexuellem Missbrauch, Depressionen, Angst- und Panikattacken, Essstörungen, Burnout, Mobbing, psychosomatische Beschwerden und Elterncoaching.

Robert Karbiner war der erste Mitarbeiter der Männerberatungsstelle des Landes Oberösterreich und coacht zahlreiche Führungskräfte, Leistungssportler, Musiker, Künstler und Schauspieler.

Karbiner machte sich in den letzten Jahren durch zahlreiche Publikationen und Interviews in verschiedenen Magazinen und Zeitungen (Oberösterreichische Rundschau, Die Oberösterreicherin, Tips, OÖNachrichten, Forum Gesundheit, Weekend Magazin) sowie durch Vorträge und Seminare zum Thema „Gefühle" weit über die Grenzen Oberösterreichs hinaus einen Namen.

Florian Kobler

Florian Kobler ist freier Journalist und hat bereits für zahlreiche Medienunternehmen in Oberösterreich und Wien (Weekend Magazin, Steyrer Rundschau, Ennser Bezirksrundschau, ORF Wien uvm.) gearbeitet. Seit 2010 studiert er Theater-, Film- und Medienwissenschaft an der Universität Wien.
Bereits mit 18 Jahren hat Florian Kobler als Preisträger beim Literaturwettbewerb „Sprichcode“ und mit der damit verbundenen Veröffentlichung „Das Kind“ („Wir Genies“, Skarabeus-Verlag) sowie mit eigenen Lesüngen große Aufmerksamkeit auf sich gezogen.
In seiner Freizeit engagiert er sich als Pressereferent und Eventmanager bei diversen Kulturvereinen in Enns.

Literaturverzeichnis

Damasio, Antonio: Die Macht der Gefühle. Stern, 21.8. 2003

Oelemann, Burckhard und Lempert, Joachim: Endlich selbstbewusst und stark. Ole

Lempert, Joachim und Oelemann, Burckhard: Dann habe ich zugeschlagen. Männer-Gewalt gegen Frauen. DTV

Männer gegen Männer-Gewalt (Hrsg.): Handbuch der Gewaltberatung. Ole

Lew, Mike: Als Junge mißbraucht. Kösel

Biddulph, Steve: Männer auf der Suche. Heyne

Roediger, Eckhard: Praxis der Schematherapie. Schattauer

Rosenberg, Marshall B.: Gewaltfreie Kommunikation. Eine Sprache des Lebens. Junfermann

Callahan, Roger J. : Leben ohne Phobie. Wie Sie in wenigen Minuten angstfrei werden. VAK

Schnack, Dieter & Neutzling, Rainer: Kleine Helden in Not: Jungen auf der Suche nach Männlichkeit. Rororo

Schnack, Dieter & Neutzling, Rainer: Die Prinzenrolle: Über die männliche Sexualität. Vom Jungen bis zum Mann. Rororo

Sampedro, José Luis: Das etruskische Lächeln. Goldmann

Holub, Josef & Härtling, Peter: Der rote Nepomuk. Beltz

Boie, Kirsten: Ich ganz cool. Oetinger

Gustafsson, Lars H.: Wir Väter. Kreuz

Schulz von Thun, Friedemann: Miteinander reden 1-3: Störungen und Klärungen. Stile, Werte und Persönlichkeitsentwicklung. Das „Innere Team" und situationsgerechte Kommunikation. Rororo

Watzlawick, Paul: Anleitung zum Unglücklichsein. Piper

Willi, Jürg: Die Zweierbeziehung: Spannungsursachen - Störungsmuster - Klärungsprozesse -

Lösungsmodelle. Rororo

Savater, Fernando: Tu, was du willst. Beltz

Boie, Kirsten: Nicht Chicago. Nicht hier. Deutscher Taschenbuch Verlag

Bange, Dirk & Enders, Ursula: Auch Indianer kennen Schmerz. Sexuelle Gewalt gegen Jungen. Kiepenheuer & Witsch

Glöer, Nele & Schmiedekamp-Böhler, Irmgard: Verlorene Kindheit. Jungen als Opfer sexueller Gewalt. Kunstmann

Rahm, Dorothea; Otte, Hilka & Bosse, Susanne: Einführung in die Integrative Therapie: Grundlagen und Praxis. Junfermann

Guterson, David & Höbel, Susanne: Östlich der Berge. Btb

Israel, Lucien: Die unerhörte Botschaft der Hysterie. Reinhardt

Satir, Virginia; Banmen, John; Gerber, Jane & Kierdorf, Theo: Das Satir-Modell. Familientherapie und ihre Erweiterung. Junfermann

Satir, Virginia; Kierdorf, Theo und Höhr, Hildegard: Kommunikation. Selbstwert. Kongruenz. Konzepte und Perspektiven familientherapeutischer Praxis. Junfermann

Satir, Virginia & Bosch, Maria: Selbstwert und Kommunikation. Familientherapie für Berater und zur Selbsthilfe. Klett-Cotta

Schlippe, Arist von & Schweitzer, Jochen: Lehrbuch der systemischen Therapie und Beratung II. Vandenhoeck & Ruprecht

Greenberg, Leslie S.: Emotionsfokussierte Therapie. Lernen, mit eigenen Gefühlen umzugehen. Dgvt

Möller, Michael Lukas: Die Liebe ist das Kind der Freiheit. Rororo

Yutang, Lin: Die Weisheit des lächelnden Lebens. Insel

James, Muriel & Jongeward, Dorothy: Spontan leben. Übungen zur Selbstverwirklichung. Rowohlt

Roediger, Eckhard: Raus aus den Lebensfallen! Das Schematherapie-Patientenbuch. Junfermann

Kropiunigg, Ulrich: Der Gebrauch des Tränenapparates in verschiedenen Epochen. Psychotherapie Forum 3/2008

Bennett- Goleman, Tara: Emotionale Alchemie. Krüger

Damasio, Antonio R.: Ich fühle, also bin ich. Die Entschlüsselung des Bewusstseins. Ullstein TB

Damasio, Antonio R.: Descartes' Irrtum. Fühlen, Denken und das menschliche Gehirn. Schroeder

Goleman, Daniel & Griese, Friedrich: EQ. Emotionale Intelligenz. Deutscher Taschenbuch Verlag

Greenberg, Leslie S.; Rice, Laura N.; Elliott, Robert & Kierdorf, Theo: Emotionale Veränderung fördern. Grundlagen einer prozeß- und erlebensorientierten Therapie. Junfermann

Kühlewind, Georg: Aufmerksamkeit und Hingabe. Die Wissenschaft des Ich. Freies Geistesleben

LeDoux, Joseph & Griese, Friedrich: Das Netz der Gefühle: Wie Emotionen entstehen. Deutscher Taschenbuch Verlag

Maturana, Humberto R.; Varela, Francisco J. & Ludewig, Kurt: Der Baum der Erkenntnis. Die biologischen Wurzeln menschlichen Erkennens. Fischer TB

Roth, Gerhard: Fühlen, Denken, Handeln. Wie das Gehirn unser Verhalten steuert. Suhrkamp

Schwartz, Richard C. & Junek, Teresa: Systemische Therapie mit der inneren Familie. Klett-Cotta

Siegel, Daniel J.; Kierdorf, Theo & Höhr, Hildegard: Wie wir werden, die wir sind: Neurobiologische Grundlagen subjektiven Erlebens und die Entwicklung des Menschen in Beziehung. Junfermann

Watzlawick, Paul: Wie wirklich ist die Wirklichkeit?: Wahn, Täuschung, Verstehen. Piper

Jürg, Willi: Die Zweierbeziehung. Rororo

Traub, Rainer: Denken und Fühlen. Rätselhafte Herdentiere. Spiegel, 23.4.2009

Traub, Rainer: Denken und Fühlen. Die Fähigkeit zur Empathie ist Teil unseres evolutionären Erbe. Spiegel, 23.4.2009

Traub, Rainer: Denken und Fühlen. Andere Kulturen kennen weder Trotzalter noch Krisen der Pubertät. Spiegel, 23.4.2009

Damasio, Antonio: Der Spinoza-Effekt. Wie Gefühle unser Leben bestimmen. Schroeder

Notfallnummern und Anlaufstellen

Deutschland

Polizei:110
Feuerwehr: 113 oder 110
Notarzt/Rettung: 112 oder 19222
Opfernotruf: 01803/343434
Kinder-/Jugendnotruf: 0800/1110333
Kindernotruf: 0800/1516001
Frauennotruf: 0841/77787
Telefonseelsorge: 0800/1110222
Deutscher Kinderschutzbund: 089/9200890 oder 08421/8780
Selbsthilfegruppe „Weißer Ring“: 0841/390480
http://www.selbstschutz-fibel.de/hilfe-notrufnummern.html
http://www.vs-denkendorf.de/schule/notrufnummern.htm

Österreich

Polizeinotruf: 133
Euronotruf: 112
Notruf zur nächsten Polizeidienststelle: 059133
http://www.help.gv.at
Rat auf Draht - Notruf für Kinder, Jugendliche und deren Bezugspersonen: 147
rataufdraht.orf.at
Frauenhelpline gegen Gewalt: 0800 222 555
www.frauenhelpline.at
Katholische Männerbewegung: 01 51552 3666
Opfer-Notruf: 0800 112 112
www.opfernotruf.at oder *www.notruffueropfer.at*
Kriminalpolizeiliche Beratung: 0800 216 346
http://www.bka.gv.at

Europa

Euget Europäische Gesellschaft Gewaltberatung Tätertherapie: 05231 7094814
http://gewalthotline.eu/
http://www.euline.net/

Naturheilkunde für die ganze Familie

Im Dialog mit Dr. Petra Zizenbacher

von Petra Orina Zizenbacher

ISBN: 978-3-99025-004-4

Preis: EURO 34,90

Wer bin ich?

3 Phasen zur echten Persönlichkeit

von Christine Lackner

ISBN: 978-3-902134-89-9

Preis: EURO 19,80

Ich möchte dich und mich besser verstehen

Partnerschaft erfolgreich leben

von Carlo Weichert

ISBN: 978-3-902134-25-9

Preis: EURO 14,90